/ 100 位

为新中国成立作出突出贡献的英雄模范人物/

赵博生

春 明/编著

★

吉林出版集团 | 吉林文史出版社

图书在版编目（CIP）数据

赵博生 / 春明编著. -- 长春：吉林文史出版社，
2011.4（2024.5重印）
（100位为新中国成立作出突出贡献的英雄模范人物）
ISBN 978-7-5472-0558-7

Ⅰ. ①赵… Ⅱ. ①春… Ⅲ. ①赵博生
（1897～1933）—生平事迹 Ⅳ. ①K825.2

中国版本图书馆CIP数据核字（2011）第050813号

赵博生

ZHAOBOSHENG

编著/ 春明

选题策划/ 王尔立　责任编辑/ 王尔立

装帧设计/ 韩璘

出版发行/ 吉林文史出版社

地址/ 长春市福祉大路5788号　邮编/ 130118

电话/ 0431-81629363　传真/ 0431-86037589

印刷/ 天津海德伟业印务有限公司

版次/ 2011年4月第1版　2024年5月第7次印刷

开本/ 640mm×920mm　1/16

印张/ 9　字数/ 100千

书号/ ISBN 978-7-5472-0558-7

定价/ 29.80元

《100位为新中国成立作出突出贡献的英雄模范人物》丛书

★★★★★

编　委　会

主　任	张自强　高　磊
副主任	王东炎　徐　潜　张　克　王尔立
编　委	郭家宁　尚金州　龚自德　张菲洲
	张宇雷　褚当阳　丁龙嘉　孙硕夫
	李良明　闫勋才

/**100**位

为新中国成立作出突出贡献的英雄模范人物/

八女投江	于化虎	小叶丹	马本斋	马立训	方志敏
毛泽民	毛泽覃	王尔琢	王尽美	王克勤	王若飞
邓 萍	邓中夏	邓恩铭	韦拔群	冯 平	卢德铭
叶 挺	叶成焕	左 权	诺尔曼·白求恩		任常伦
关向应	刘老庄连	刘伯坚	刘志丹	刘胡兰	吉鸿昌
向警予	寻淮洲	戎冠秀	朱 瑞	江上青	江竹筠
许继慎	阮啸仙	何叔衡	佟麟阁	吴运铎	吴焕先
张太雷	张自忠	张学良	张思德	旷继勋	李 白
李 林	李大钊	李公朴	李兆麟	李硕勋	杨 殷
杨子荣	杨开慧	杨虎城	杨靖宇	杨闇公	萧楚女
苏兆征	邹韬奋	陈延年	陈树湘	陈嘉庚	陈潭秋
冼星海	周文雍、陈铁军夫妇		周逸群	明德英	林祥谦
罗亦农	罗忠毅	罗炳辉	郑律成	恽代英	段德昌
贺 英	赵一曼	赵世炎	赵尚志	赵博生	赵登禹
闻一多	埃德加·斯诺		夏明翰	格里戈里·库里申科	
狼牙山五壮士		聂 耳	郭俊卿	钱壮飞	黄公略
彭 湃	彭雪枫	董存瑞	董振堂	谢子长	鲁 迅
蔡和森	戴安澜	瞿秋白			

前　言

　　每个人的心中都多少有一点英雄情结，都向往英雄、景仰英雄。也正因此，在中华人民共和国建国六十周年之际，由中央十一部委联合组织开展的"100位为新中国成立作出突出贡献的英雄模范人物和100位新中国成立以来感动中国人物"的评选活动中，群众参与投票总数近一亿。这其中的每一张选票，都表达了人们对英雄模范的崇敬之情，寄托着对伟大祖国的美好祝福。

　　一个民族不能没有英雄，否则这个民族就不会强大。当国家危难之时，懦弱者选择了逃避、妥协甚至投降，英雄们却挺身而出，用热血捍卫民族的尊严，人民的幸福。在创立和建设新中国的伟大历程中，涌现出无数可歌可泣的英雄模范人物。他们之中，有为了民族独立和人民解放而英勇牺牲的革命先烈，有为了党和人民的事业而不懈奋斗的优秀共产党员，有在全民族抗战中顽强奋战、为国捐躯的爱国将士，有英勇杀敌的战斗英雄和革命群众，有积极从事进步活动的著名民主爱国人士和国际友人……他们是民族的脊梁、祖国的骄傲，是激励全体人民团结奋斗的精神力量。

　　《100位为新中国成立作出突出贡献的英雄模范人物传记》丛书，就像一部星光璀璨的英雄谱，真实、完整地记录了英雄模范人物不平凡的一生，再现了他们非凡的人格魅力和精神世界。"头颅可断腹可剖"的铁血将军杨靖宇，"毫不利己，专门利人"的白求恩，抗战军人之魂张自忠，"砍头不要紧"的夏明翰，"俯首甘为孺子牛"的文化斗士鲁迅……一串串闪光的名字，一个个动人的故事，犹如群星闪烁，光耀中华。

　　如今，战火已熄，硝烟已散，英雄已逝，我们沐浴在和平的幸福之中。在和平年代，人们不会忘记为今日的和平浴血奋战的英雄们，英雄的故事永远不会结束。让我们用英雄的故事唤醒我们心中的激情，为中华民族的伟大复兴而奋斗。

生平简介

赵博生（1897-1933），男，汉族，河北省黄骅县人，中共党员。

赵博生1917年毕业于保定陆军军官学校，先后在皖系、直系、奉系军队中任职。1924年冬转入冯玉祥的西北军，参加过国共合作的北伐战争。期间受共产党人刘伯坚等的影响，倾向革命。1931年任国民党军第二十六路军参谋长。九·一八事变后，他坚决反对蒋介石"攘外必先安内"的政策。同时，与在第二十六路军中的中共特别支部取得联系。同年10月，中共中央批准赵博生为中国共产党党员。12月14日，在蒋介石准备清除二十六路军中的共产党员的危急时刻，赵博生和季振同、董振堂等率部一万七千多名官兵在宁都起义。起义部队改编为中国工农红军第五军团。他先后任红五军团十三军军长、军团参谋长、军团副总指挥，率部参加赣州、漳州和南雄水口等战役战斗。他指挥果断，屡建战功。1933年初，国民党军集中四个师的兵力分两路向江西资溪、金溪、南城苏区进犯，赵博生奉命率领红五军团三个团据守长员庙一带山脉，配合主力在黄狮渡一带消灭敌人。他指挥部队连续打退数倍于己之敌的疯狂进攻，坚守住了阵地，出色地完成了钳制任务。1月8日与敌人展开激烈的肉搏战，赵博生在与敌人相距只有百余米的地方指挥，不幸壮烈牺牲。

1897-1933

[ZHAOBOSHENG]

◀赵博生

目 录 **MULU**

家道变迁，年少立志 / 002

幼年的赵博生亲身体会到家庭的变故和世道的黑暗，并把这一切深深地埋藏在他的心底，对其从小树立"拯民于苦难"的远大理想，无疑是有重要影响的。

0－17岁

投笔从戎，军校深造 / 006

年轻的他在日记中写道："抱救国之志，负救国之责，不得不努力求学。身欲救国，必先求学问，百般知识，无不由学问中得来，人若无高尚知识，虽欲救国，则心有余而力不足，然欲达此目的，非努力求学，则不能成功。"

17－20岁

志存高远，军旅辗转 / 008

刚步出校门的赵博生，初出茅庐，踌躇满志，满以为可以为国为民干一番事业。可是他却在严酷的现实面前屡屡碰壁，不得不在军旅间辗转磨砺。

20－29岁

国共合作，军阀混战 / 011

27－29岁

"中国好比将要倒塌的一座大楼，人们住在里面将有死亡的危险，这大楼必须落地重修，才能坚固。这是吾辈军人的天职。"面对军阀混战的惨况，如何才能找到一条救国之路，赵博生陷入了深深的思索。

■几经挫折志向坚（1926－1930）/ 015

响应北伐，希望在前 / 016

五原誓师之后，赵博生惊奇地看到：在短短的时间里，这支几经重创，濒于瓦解的西北军，又恢复了元气，到处生机勃勃。赵博生的精神重又焕发起来，他敬佩这些共产党人，他感到和这样的弟兄在一起革命顺心，充满干劲，前途无比光明。

29岁

风云突变，失望在后 / 020

转战河南，策应北伐军战斗的赵博生，时任三十一军参谋长。他看到革命的大好形势，非常高兴，对革命的前途充满了信心和希望。可是他万万没有料到，独夫民贼蒋石突然发动了四·一二反革命政变。

30岁

一身正气，两袖清风 / 024

赵博生在西北军里被称为"真正不要钱的将军"。他之所以能够清廉自守，能够出污泥而不染，是与他同情劳苦大众，胸怀救国救民的抱负分不开的。

30－33岁

特种部队，开拓先驱 / 029

在解放军历史上有一位红军名将，可以称为红色兰博的先驱。这个人就是领导宁都起义的国民党原二十六路军参谋长赵博生。赵博生是我军特种兵的创始人，他为中国人民的解放事业献出了自己的生命，也为人民解放军的发展壮大贡献了自己的力量。

30－33岁

因势利导,筹划起义 / 058

34岁

党的特别支部和赵博生多次研究和分析了二十六路军中潜在的革命形势,决定抓住这一有利时机,开展有组织有计划的政治鼓动,因势利导,把群众情绪引导到正确的方面,促进革命条件的早日成熟。

■临危受命不畏难(1931) / 061

发展董振堂 / 062

鉴于董振堂是赵博生在保定军校的同学,又是河北同乡,他为人作风正派,能吃苦,极富正义感,在基层官兵心目中有比较高的威信和号召力。而且董振堂的七十三旅实力比较强,一向是我党活动的重点,如果能把旅长董振堂争取过来,对宁都起义的成功将起到有力的保证作用。

34岁

团结季振同 / 072

经过赵博生一番艰苦细致的工作,再加上当时革命形势的推动,季振同表示赞同起义。党组织决定起义后由季振同任总指挥,赵博生从大局出发,丝毫没有计较这些,愉快而坚决地执行了党的决议,坚定了季振同参加起义的最后决心。

34岁

赢得黄中岳 / 077

赵博生根据黄中岳的诸多积极因素,在经过分析后,认为可以在争取季振同的同时,把黄中岳也争取过来,便借工作之便,抓紧做他的工作。后来黄中岳在起义过程中发挥了积极作用。

34岁

革命精神的赞歌（代序）

　　古朴悠久的河北平原，洒满了人民的热汗，浸透了烈士的鲜血，蜿蜒曲折的黄河水，滋养了富饶辽阔的燕赵大地，哺育了一代又一代慷慨悲歌的燕赵儿女！

　　1897 年初秋 9 月，就在这经受过血与火洗礼的古老土地的一个小村庄上，就在一个普通的宅院里，一个幼小的生命来到了人间。他在这里成长，他在这里永生。他是故乡人民的骄傲，他是一颗不落的星辰。

　　那时的中国是一个充满了痛苦和绝望的黑暗世界。年轻的赵博生也想用他青年的热血去实现救国的抱负。可是现实一次又一次告诉他，在中国，民国的招牌和个人的奋斗于事无补。于是如何才能找到救国的真理，成为他不断思考的问题。

　　1929 年，赵博生在西安任十四军参谋长兼特种兵旅旅长，并兼城防司令。时值连年大旱，赤地千里，无数农民卖儿卖女，背井离乡。而军阀反动政府却依旧横征暴敛，人民生活处于水深火热之中。而对这种凄惨景状，赵博生对反动政府、反动军阀的倒行逆施和累累罪行极为愤慨。他忧国忧民地写下了《救国救民之责任》一文，深感国家兴亡，匹夫有责，表示决心拯救人民出苦难。但因受历史的局限，当时还没有想出更好的办法来，在一段时间里，他的心情处于忧虑和苦闷之中。不久，他作了一首《革命精神之歌》，歌词是这样的：

　　　　先锋！先锋！
　　　　热血沸腾。

先烈为平等牺牲，

作人类解放救星。

侧耳远听，

宇宙充满饥寒声。

警醒先锋！

个人自由全牺牲。

我死国生，

我死犹荣。

身虽死精神长生，

成仁！成功！

实现大同。

　　从这首歌词中可以看出，赵博生多么期望"警醒先锋"，起来为人类的自由解放和实现大同而努力奋斗啊！歌词写好之后，他花去八十块银元，请一位教授给谱上曲子，然后亲自在自己所掌握的特种兵旅教导大队中广为教唱，以激励部属救国救民于水火的爱国热情和献身精神，并借以抒发自己的壮志豪情和革命理想。

　　可以说这首歌既是赵博生用自己的心血谱写的，也是他用自己的生命之弦弹响的。这首革命精神之歌就是一首伟大民族精神的赞歌。它赞颂的是一种无怨无悔、公而忘私、为国为民、舍生忘死的革命精神，是为了国家和广大人民的利益，不怕艰难困苦，不怕流血牺牲，坚韧不拔，勇往直前的革命精神。这种革命精神是人民军队克敌制胜的重要精神因素，也是人民群众战胜一切敌人、克服一切困难的强大精神力量，更是中华民族不竭发展、不停前行、不断攀登的动力之源！而这首革命精神的赞歌，永远不会被时间淡化，更不会被人们遗忘。必将永远激荡在我们心里，鼓舞我们把先烈开创的事业薪火相传、不断光大！

英雄年少胆气豪

（1897—1926）

家道变迁，年少立志

★★★★★

黄骅市博物馆收藏有一张革命牺牲军人家属光荣纪念证，是 1952 年毛泽东主席签署，颁发给革命烈士赵博生家属的。证书为纸质，因日久已发黄，长 29.3 厘米，宽 22.9 厘米，中间折印处上方有裂纹。证书四周为金色边框，边框上方正中印有国徽、国旗，两边为华表。框内从右至左有"永垂不朽"四个金色大字，正文叠印其上，为黑色竖写楷书，内容为："革命牺牲军人家属光荣纪念证，河北字第零七六四二号。查黄骅县慈庄赵博生同志在革命斗争中光荣牺牲，丰功伟绩永垂不朽，其家属当受社会上之尊崇。除依中央人民政府《革命军人牺牲病故褒恤暂行条例》发给恤金外，并发给此证以资纪念。主席毛泽东。一九五二年五月十九日。"日期上盖有红色"中华人民共和国中央人民政府"之印。赵博生虽然离开了我们，但他的精神永远活在人民心中。这份光荣纪念证书印证了赵博生光辉的革命生涯，也承载着一份无上的光荣。

赵博生，乳名连科，学名恩溥，1897 年 9 月 7 日出生于河北省黄骅县滕庄子乡东慈庄一个破落的富裕中农家庭里。在赵博生幼年时，其家三代同堂，是一个有几十口人之众的大家庭。他的父辈兄弟五个，其父赵以明排行第二，是个憨厚、朴实的普

△ 赵博生革命牺牲军人家属光荣纪念证

通农民。母亲刘氏，心灵手巧，能耕会织。赵博生还有兄弟四人，他是老大。因赵博生自幼禀赋聪颖，深得祖父的宠爱，所以7岁便被送入本村的私塾读书，故取名恩溥。其时，赵博生的家境尚生活殷实。但赵博生9岁时，因为家里遭本庄地主赵以林的不断压榨，导致其家逐渐贫困破产。

我们可以设想一下，如果以赵博生的天资、学业和当时的家庭条件，他是满可以走一条读书

▷ 赵博生烈士纪念碑

上进、步入仕途的道路的。谁曾想，在赵博生9岁那年，家庭突然降临一场飞来横祸。本村的恶霸地主赵以林声称被土匪抢劫，竟然诬告赵博生的祖父赵逢春同劫案有关。赵以林有钱有势，串通官府，赵逢春明知争也无益，只好离家避难。当地县役遂趁机敲诈勒索说："人不到，钱要到！"还威胁要拿赵家长孙赵博生到县里抵案。面对此情此景，全家人只好典地当物，被迫含泪逃亡他乡。

半年后，此案虽告结束，但赵博生的家境却从此一落千丈，难以为继。可是赵以林并不因此罢休，随后又诬说赵博生的父亲赵以明割了他家的禾苗，竟指使他人，将其打伤。赵博生时年15岁，终至忍无可忍，想要到官府控诉冤屈，没想到赵博生的祖父胆小怕事，忍气吞声，极力加以拦阻，说："衙门都是有钱有势的人家开的，哪有你讲理的地方？"赵博生恨恨地说："现在让他们凶吧！等我长大了，再算这笔账！"幼年的赵博生亲眼所见、亲身体会到的这种苦难遭遇，深深地埋藏在他的心底，这对他后来一贯具有正义感和斗争精神，对他从此树立"拯民于苦难"的远大理想，无疑是有重要影响的。

→ 投笔从戎，军校深造

★★★★★

1914年，17岁的赵博生念完十年私塾，因家穷只得辍学在家。这期间，正是辛亥革命以后，军阀混战，帝国主义列强虎视眈眈，妄图瓜分中国，农村凋敝，民不聊生。此时，他接到其三叔赵以立（在皖系军队中任下级军官）的来信，要他去投考保定陆军军官学校。于是赵博生在三叔的帮助下，投考了保定陆军军官学校。但是考的结果却令人失望。原来赵博生虽然有过十年寒窗，但学的都是"四书""五经"之类，对那些新学课题却全然不知，经再三要求，最后只好去当了个旁听生。不过赵博生对此并不介意，在他看来，只要有书读就行，况且学的又是自己过去从未接触过的新鲜知识。年轻的他在日记中写道:"抱救国之志,负救国之责,不得不努力求学。身欲救国,必先求学问,百般知识,无不由学问中得来,人若无高尚知识,虽欲救国,则心有余而力不足,然欲达此目的,非努力求学,则不能成功。"赵博生一踏进校门,就如饥似渴、废寝忘食地学起来,他那刻苦自励的精神也实在惊人。经过短短半年的努力,他就以优异成绩升上了该校第六期正规班,很快又跃入优等生的行列,原先看不起他的人开始对他刮目相待。再后两年,他竟然越级、跳班,成绩在全校名列前茅,成为一个意气风发、才气横溢的少壮军人。

1917 年夏季,赵博生在保定军校以"特优"的成绩,由第七期提前为第六期毕业。学校派他到皖系军队北京北苑参战第一师步兵三团二连当见习官。

⊙ 志存高远，军旅辗转

★★★★★
（20—29岁）

    刚步出校门的赵博生，初出茅庐，踌躇满志，满以为可以为国为民干一番事业，可是他却在严酷的现实面前碰了壁。近代以来，清政府先后两次败于鸦片战争，后又败于东洋小国日本，末败于八国联军，一败再败，加之随后签订的不平等条约，更是让政府颜面扫地，威信全无，地方势力看政府如此软弱无能，都在寻找机会，试图独立以割据一方。1901年，慈禧政府进行新政，力图恢复中央的威信，但是政策不对头，如同打开了潘多拉的盒子，不仅将清政府埋葬，也促成了中华民国时期的军阀混战局面。慈禧的新政把建学堂、新式军队、工商企业及其税赋的权力都放在地方，导致了地方权力的膨胀和中央力量的弱化，随着新政下军事、经济、科技文化各方面力量向各地方聚集，最终导致各省借辛亥革命之名独立，以及之后的地方军阀兴起，军阀三十年混战局面的形成。当时的形势是，直系、皖系、奉系三派军阀，在英、美、日等帝国主义的操纵下，连年混战，相互兼并。

赵博生入伍不久，就由原来属于皖系军阀的北苑参战第一师转入直系军阀；一场混战下来，他又落在奉系军中。几经转折，使他对这场战争的性质怀疑起来。他看到，反动政府和反动军阀对外不能御侮，反而导致对帝国主义的更大依赖和祖国主权的进一步丧失；对内不能拯民于水火，反而给民众带来更加深重的灾难。而他自己只不过是在为别人当"枪杆子"、"炮筒子"，作为一种工具被驱赶到军阀混战的前线，自己所追求的救国救民的理想，早已被自己不得已的行动击得粉碎，等于是用自己的皮靴践踏自己的心灵。他开始感到出路的渺茫。内心的忧愤和苦闷使他发出了这样的悲叹："中国政治这样腐败，社会这样黑暗，我真不想在这里做事了，我想下去拉洋车……"

1923年冬，赵博生又转入冯玉祥的西北军中。

△ 冯玉祥

　　冯玉祥是民国时期著名军阀、军事家、爱国将领、著名民主人士；原名冯基善，字焕章，祖籍安徽巢县（今安徽省巢湖市居巢区夏阁镇竹柯村）人，寄籍河北保定；国民革命军陆军一级上将，蒋介石之结拜兄弟。因其早年出身比较贫苦，所以对部队军纪的要求相对也较为严格。他的部队官兵佩着写有"不扰民，真爱民,誓死救国"的臂章。在这样的环境和气氛中，赵博生初步的民主思想又复萌起来，他又看到了一线希望。

　　由于赵博生的勇敢精进和多谋善断，再加上

他的不贪钱财和爱护部下，尤其是他那具有抗御外敌、救国救民的明确志向，使他在西北军中很快赢得了可嘉的声望，他的职位也逐级提高，到1926年，他已被擢升为西北军的军参谋长了。

→ 国共合作，军阀混战

★★★★★
（27—29岁）

1924年二七罢工后，中国共产党意识到，要战胜强大的敌人，必须争取一切可能的同盟者，建立革命统一战线，于是加快了和国民党的合作。这是因为"中国现存的各政党，只有国民党比较是革命的民主派，比较是真正的民主派"，而且在社会上有一定的威信，在南方又建立了革命根据地，他的领导人孙中山也真诚地欢迎中国共产党和他合作。同时，共产国际也指示中国共产党要和国民党合作。孙中山在第二次护法运动失败以后，深感国民党内人员过于复杂，应当改组。1923 年，中国共产党在广州召开第三次全国代表大会，正式决定同孙中山领导的国民党合作，建立革命统一战线。会上确定了合作方针：共产党员以个人身份加入国民党，同时保持共产党在政治上、思想上和组织上的独立性；帮助国民党改组成为工人阶级、农民阶级、城市小资产阶级和民族资产阶级联盟的政党。1924 年初，中国国民党第一次全国代表大会在广州召开，主要讨论国民党改组问题，大会通过了《中国国民党全国代表大会宣言》，宣言接受了中国共产党反帝反封建的主张，把旧三民主义发展为新三民主义，这在实际上确定了"联俄、联共、扶助农工"三大政策。大会同意中国共产党党员以个人身份加入国民党。在中国共产党的帮助和推动下，孙中山改组国民党，提出了"联俄、联共、扶助农工"三大政策。

第一次国共合作建立的消息传来，赵博生非常高兴，他赞成孙中山的新三民主义，并积极主张本部队参加革命。这时，正值第二次直奉战争。这场战争，从 1924 年 9 月 15 日到 11 月 3 日，一共打了五十多天，最后是以直军主力的全部覆没和吴佩孚的狼狈南逃而告结束。在直系军阀垮台之后，张作霖违背他"奉军不入关"的诺言，挥军进入了北京，并排斥冯玉祥，实际上控制了由段祺瑞任"中华民国临时执政"的北京政权，把中国人民又拖进了新的痛苦的深渊。面对此情此景，孙中山积极筹划北上，共产党主张联合西北军，打倒曹锟、吴佩孚。冯玉祥受到了这种种影响，毅然联合胡景翼、孙岳等部，突然发动北京政变，推倒了曹锟的贿选政权，与段祺瑞、张作霖等联合组成了北京"临时执政"。这使赵博生很受鼓舞。他认为这就是新的前景了。1925年，他担任第五旅参谋长时，常对部下作讲演，他比喻说："中国好比将要倒塌的一座大楼，人们住在里面将有死亡的危险，这大楼必须落地重修，才能坚固。这是吾辈军人的天职。"而北京政变给他造成了一种幻觉。他朦胧地感觉到，似乎这就是"重修大楼"的开始。

但是这种幻觉并没有维持多久。从1925年

▽ 第一次国共合作。1924年1月20日，中国共产党领导人李大钊同孙中山、廖仲恺等中国国民党领导人步入广东高等师范学院礼堂。

底到1926年初，在帝国主义列强的挑动下，西北军被北方各派军阀联合击败。先是迫于奉、皖两系军阀的压力，冯玉祥赴察哈尔张家口（今属河北）就任西北边防督办，所部改称西北边防军（简称西北军）。8月任甘肃军务督办仍兼西北边防督办。在此期间，接受共产党人和苏联专家帮助，建立各种军事学校。随后于1926年1月，在奉、直军的联合进攻下，冯玉祥被迫宣告下野，此后接受了共产党人的建议，远赴苏联进行考察。

冯玉祥走后，战争仍在进行，赵博生先是率部在南口作战，随后又退守包头。铁的事实告诉他：这样的战争，仍然是军阀之间争权夺利的混战，自己手中所耍的枪杆子，还是在为军阀们服务，这样的战争，即使打赢了，于国于民又有何益？在严酷的现实面前，他单纯而良好的愿望被击得粉碎，他感到非常迷茫和失望。

几经挫折志向坚

(1926-1930)

→ 响应北伐，希望在前

★★★★★

（29 岁）

1926 年，冯玉祥在共产党人和苏联顾问的陪同下，由苏联回国，赵博生和部队在包头、五原一带迎接。在共产党人的推动下，冯玉祥联合国民军第二军、第三军，组成"国民联军总司令部"，他自己出任总司令兼第一军军长。9 月，冯玉祥召集全军在五原誓师，发表了有名的《冯玉祥五原誓师的宣言》，正式宣布拥护孙中山的三大政策，响应北伐。在国民军内部也开始改变愚兵政策，废除打骂制度，建立革命的政治工作制度，并聘请共产党员刘伯坚出任国民联军总政治部主任。

五原誓师以后，以刘伯坚为首的共产党人开始了对这支旧军队的改造工作：在国民联军内部建立各级政治部，党先后输送来二百多名共产党员，其中有陈延年、刘志丹、宣侠父、安子文等同志，他们分别担任军、师一级政治部主任，加强了政治机构，从而奠定了党对西北军的领导和政治工作的基础。为了提高部队的政治和军事素质，又在五原开办干部训练班，营以上军官每天到总政治部听课。刘伯坚负责教政治，讲解孙中山的三大政策、新三民主义和十月革命史；苏联顾问介绍苏维埃政权的组织形式和苏联红军作战经验。这种训练时间虽然不长，却使

◁ 冯玉祥的五原誓师照

赵博生结识了共产党人，初步接触了党的纲领和政策，这的确是对他的一次难得的启蒙教育。刘伯坚等共产党人，还在部队的先进分子中秘密发展党员，建立党的组织，并公开印行马列主义小册子和政治课本，创办小报，发表纪念苏联革命和孙中山的新三民主义的文章，公开教唱《国际歌》……这一切，都在影响着赵博生。

赵博生惊奇地看到：在短短的时间里，军中气氛焕然一新，这支几经重创、濒于瓦解的西北军，又恢复了元气，军心士气比以前更加旺盛，部队规模和战斗力量显著增强，到处生机勃勃。赵博生的精神重又焕发起来，他敬佩这些共产党人，他感到和这样的弟兄在一起革命顺心，充满干劲，前途无比光明。

1926 年 5 月上旬，广东革命政府派遣国民革命军第四军叶挺独立团和第七军一部为北伐先遣队，从广东肇庆出发，挺进湖南，揭开了北伐战争的序幕。7 月 1 日，广东革命政府在广州誓师北伐。9 日，北伐战争在"打倒列强，除军阀"的口号声中正式开始。参加北伐战争的国民革命军共八个军，约十万人，蒋介石为总司令。在北伐军中，一大批共产党员担任各级党代表或政治处长，或者担任基层指挥员、战斗员。一些著名的共产党人，如周恩来担任第一军副党代表，李富春担任第二军副党代表，朱克靖担任第三军党代表，罗汉担任第四军党代表，林伯渠担任第六军副党代表，萧劲光担任第二军第六师党代表等。同时，中国共产党的各级组织还组织和武装了大批农民自卫军、工人纠察队，用以策应和支援北伐军的行动。7月12日和14日，中共中央和国民党中央分别发表《中国共产党对于时局的主张》和《北伐出师宣言》，号召全国人民支持国民革命军的北伐。

国民军五原誓师以后，响应广东革命政府的北伐行动，提出"平甘援陕，联晋图豫"的战略方针，除留一部分抵挡由京包路西攻的奉军外，全部进入陕甘地区，奠定了陕西和甘肃两省，进军河南西部，有力地配合了北伐军。当时，北伐军正以势如破竹、摧枯拉朽之势，继续挥师北上，取得了辉煌的胜利。北伐军首先集中兵力在两湖战场打击吴佩孚所部。北伐正式开始后，国民革命军连克长沙、平江、岳阳等地，8月底取得两湖战场上的关键一战——汀泗桥、贺胜桥战役胜利。10月，北伐军进抵武汉，先后占领武昌、汉阳、汉口，全歼吴佩孚部主力。面对这一大好局面，此时的赵博生，仿佛看到了救国图强的曙光。

➔ 风云突变，失望在后

★★★★★

（30岁）

接下来的情况，似乎印证了赵博生的想法，北伐进展和革命形势一片大好。北伐军在两湖战场取得胜利后，转向江西战场进击孙传芳所部。11月起，北伐军向南浔路一带发动攻势，消灭孙传芳部主力，占领南昌、九江，随后又攻占福建、浙江。1927年3月下旬先后攻占安庆、南京。3月21日，为配合北伐军进军上海，中国共产党领导上海工人取得第三次武装起义的胜利，占领上海。至此，长江以南地区完全为北伐军控制。在北伐进军中，中国共产党领导工农群众支援战争，有力地配合了北伐进军。1927年初，汉口、九江的工人收回了汉口、九江的英租界。从1926年秋到1927年春，中共中央和上海区委先后领导上海工人举行三次武装起义。农民运动也蓬勃开展，形成了空前的农村大革命形势。周恩来、毛泽东、林伯渠、张太雷、邓中夏、萧楚女、恽代英、李富春、聂荣臻、蒋先云等为代表的共产党人实际上领导了北伐军的全部政治工作，对北伐胜利进军起了重要作用。

此时，赵博生任三十一军参谋长，转战河南，策应北伐军的战斗。他看到革命的大好形势，非常高兴，对革命的前途充满了信心和希望。可是他万万没有料到，独夫民贼蒋石突然发动了四·一二反革命政变。四·一二反革命政变标志

△ 国民党反动派捕杀共产党员和人民群众的情形

△ 1927年6月20日徐州会议后冯玉祥（前排左一）和蒋介石（前排左三）合影

着中国阶级关系和革命形势的重大变化。

以蒋介石为首的国民党反动派从民族资产阶级右翼完全转变为大地主大资产阶级的代表。从此，蒋介石和他的追随者完全从革命统一战线中分裂出去。革命在部分地区遭到重大失败。血雨腥风掩盖了半壁河山，北伐的胜利果实被断送，轰轰烈烈的大革命被反革命的屠刀扼杀了。

1927年6月22日，冯玉祥与蒋介石在徐州举行会议后，决定合作，反对共产党。回到郑州，即命徐谦制定"清党"章程。冯军中有中共党员五六十人，大都在政治部工作。冯玉祥下令："全军各级政工人员，一律到开封受训及甄别：（1）自己报告是否共党；（2）凡是共党，一概脱离政治部；（3）如有共党仍欲继续国民革命工作者，须宣布脱离共党而誓忠于国民党。"令既下，首先解职者为中共党员、国民军政治部主任刘伯坚。另有四十余名中共党员被查出。

顷刻间，第二集团军中革命空气突然消散，又是一片沉寂。从此以后，社会科学的讲演停止了，共产党人的书报停刊了，赵博生所崇敬的大批共产党人被清洗了，有的黑夜失踪，有的被捕入狱。赵博生对此感到茫然、痛苦、愤慨，不满冯玉祥在徐州会议以后对共产党人的举动，常对有觉悟的官兵说："我每天都准备着死，在未死之前，活一天就坚决地为工农劳苦群众奋斗一天！"

此时的赵博生又一次陷于深深的失望之中。

→ 一身正气，两袖清风

★★★★★

（30—33岁）

以中国地方之大，人口之多，地方军阀势力多如牛毛，层出不穷，各个省市都有自己的军阀势力。除了上述的几个大军阀外，其他地方军阀还有：如南方的粤系军阀、桂系军阀；西南的滇系军阀、川系军阀、黔系军阀；西北的甘马、宁马和青马；新疆盛世才；北方的鲁系军阀、豫系军阀、陕系军阀等。这些大小军阀相互混战，地方的统领如走马换灯让人目不暇接。

二十世纪二三十年代持续十余年的军阀混战，对中国国内生产造成很大的破坏，军阀为在混战中取胜搜刮百姓，扩军备战，让百姓苦不堪言。其实在本质上，每一个军阀的背后都有帝国主义列强的支持，这些军阀实质上就是列强在华的代言人，是列强维护在华利益的工具。军阀之间的混战也就是各国列强在华的争夺，造成中国内局势的进一步混乱，加深了中国人民的灾难。

第一次国内革命战争失败以后，军阀混战尤甚，白色恐怖弥漫，民不聊生，加之西北连年大旱，反动政府横征暴敛，人民生活依旧处于水深火热之中。当时在西北军任军参谋长兼特种兵旅旅长的赵博生，对反动政府、军阀的倒行逆施和累累罪行，极为愤恨，他忧国忧民，写下了《救国救民之责任》一文，深感国家兴亡，匹夫有责，表示决心拯救人民出苦难。从这篇文章可以看出，赵博生对国民党已经失望，但出路何在呢？因受历史的局限，当时他还没有想出更好的办法来。因此，在较长的一段时间里，他的心情处于徘徊和苦闷之中。他感到自己眼前所能做的，就是刻苦自励，随时准备为国为民献出自己的五尺之躯。同时，当年共产党人的政治工作给西北军带来的蓬勃生气使赵博生受到启发，他开始注意部队的政治鼓动工作。他亲自作了一支《革命精神之歌》，抒发自己的斗志豪情和革命理想，教育和激励部属的爱国热情和献身精神。歌词是这样的：

先锋！先锋！热血沸腾。先烈为平等牺牲，作人类解放救星。侧耳远听，宇宙充满饥寒声。警醒先锋！个人自由全牺牲。我死国生，我死犹荣。身虽死精神长生。成仁！成功！实现大同。

歌词写好之后，他花去八十块银元，请一位教授给谱上曲子，然后亲自在自己所掌握的特种兵旅教导大队中广为教唱，以激励部属救国救民于水火的爱国热情和献身精神，使官兵感于心怀，同情民众，追求革命，为人类的自由解放和社会大同而奋斗。并借以抒发自己的壮志豪情和革命理想，这是他的心声，也是他的抱负。不过，他这时的思想，虽然受到共产党的影响，但还没有超出三民主义的思想范畴。

赵博生刻苦自励的精神还表现在他的生活作风上。他虽然长期生活在旧军队里，并且做了官，当了将军，旧军队流行的许多恶习对他也不无影响，但他始终没有忘记"拯民于水火"的初衷，还能在一定程度上保持劳动人民的本色，保持比较俭朴的生活作风。这同生活在旧军队里特别是做官的许多人，感到死生无常，过着及时行乐、醉生梦死的堕落生活，是有很大区别的。

赵博生没有沾染不良的嗜好，烟酒必戒，不贪财，不好色。他在西安时，就曾在日记中写道："妻丑而无子，不再纳娶。"赵博生是父母包办的婚姻，妻子个子矮、貌丑，他没有抛弃她。他在西安时身任三职，月薪达四百多元，但他除了吃饭，钱都用来买书和支援朋友，故而没有积蓄。当年有朋友找他谋生，他说："有我吃的就有你吃的，有我花的就有你花的。"他也不向家里寄钱。1929 年在西安时，家里向他要钱，他回信说："咱们家的生活比头几年好多了，有饭吃、有衣穿就可以了。置地、拴车马、雇长工，都是剥削人的事情。"并且说："我最恨那些克扣军饷的将领、刮地皮的贪官污吏，我不能同他们一样，把

△ 赵博生

不义的钱财寄到家里发财致富，那是罪过！"他把家庭看得很轻，目的是能够无牵无挂地献身革命。正如他时常对人说的："性命随时可以牺牲，家中没有顾虑。"

在私人生活上，赵博生也是尽量从俭。他随军不带家属，妻子来看望他的时候，他就把旧的、破的甚至很难缝补的衣服找出来让她拆洗缝补，说："这衣服都是老百姓的血汗换来的，你还是耐心补一下吧！"他还常对妻子说："你不要学那些什么'太太'坐吃等穿的坏习气。一个人不劳动生产，吃的穿的从哪里来呢？天上不会往下掉馅饼。"所以他妻子住上不多日子，就被他动员回去了。

　　赵博生常穿带补丁的衣服，在官兵中的影响很大。有一次，特种兵旅教导大队的士兵问他："参谋长，你有条件穿呢子军服，为什么偏穿一件带补丁的衣服？"赵博生回答说："我也喜欢穿呢子军衣，将来国富民强，我一定要穿，不过现在不能穿。你看看有多少老百姓连我们这样的衣服也穿不上啊！"因此，赵博生在西北军里被称为"真正不要钱的将军"。他之所以能够清廉自守，能够出污泥而不染，是与他同情劳苦大众，胸怀救国救民的抱负分不开的。

→ 特种部队，开拓先驱

★★★★★

（30—33岁）

　　说起解放军的特种兵部队，熟悉军史的朋友也许会想到林彪部下的特纵。实际那是炮兵，不是现代意义的特种部队。或者想到少剑波的小分队，运用精锐部队进行外科手术式的奇袭虽然是解放军的传统，但这方面真正得到重视，建立正式特种部队的时间相当晚。但是，这并不代表解放军历史上并没有特战专家，至少有一位红军名将，可以称为红色特战的先驱。

　　这个人就是领导宁都起义的国民党原二十六路军参谋长赵博生。赵博生是我军特种兵的创始人，他为中国人民的解放事业献出了自己的生命，也为人民解放军的发展壮大贡献了自己的力量。

赵博生，这位西北军名将后来率领部队起义已经是大家耳熟能详的事情，但鲜为人知的是此人还是中国最早的特种兵作战专家，他的起家部队就是西北军特种兵大队，后扩充为特种兵旅，这支部队可不是炮兵，而是全用手枪，专门从事袭击、敌后骚扰等任务的精锐。赵博生本人以旅长之尊带特种兵摸爬滚打，深得军心。

中原大战失败后，他把残部编为特种兵教导大队，带着这支孤军走西口投汉中，路遇蒋军重兵拦截，赵博生下令全队解散，每人看一遍联络图，混过封锁线轻松重新组队，一个不少，那绝对是精锐，单兵作战能力极强。可惜的是突围以后遇到了当地强悍的地方武装，赵博生部被拦截。由于化整为零人员没有损失，装备基本丢光了，没法打，所以处境艰难，这时，杨虎城部的参谋长追来找他联络，这个参谋长是赵博生的保定同学，赵博生无奈之下同意投入杨虎城部。但是不久赵博生为了保留自己的骨干，把特种兵大队遣散。临行前留下通讯地址造册，以备东山再起，给每个特种兵发了一张誓约书，内容包括"长期从事地下斗争，不达目的不止"，让弟兄们回家，而他到了孙连仲部下担任二十六路军参谋长，登高一呼，五百精兵立刻赶来归队。宁都起义的时候，二十五师师长李松昆曾经试图反抗，但慑于赵博生参谋长手下五百壮士无孔不入，还是没敢动手。董振堂为首的二十六路军起义十分顺利，有所反对的军官最多被缴械而没有发生流血冲突，也实在是因为该军高级军官太了解赵博生参谋长的手段了。

赵博生后来也是牺牲在自己的老传统上。作为特种兵指挥官习惯亲自下手，1933 年在黄狮渡一战他率红十三军本来是负责打牵制的，在张员庙掩护一、三军团歼灭陈诚的骨干部队十四师和另外两个师，但打到中间赵博生自己上去了，亲自指挥攻击国军机枪阵地，结果不幸头部中弹阵亡。阵亡地点离蒋军阵地只有几十米。此前在水口一战他已经有过一次负伤，也是因为亲自投入战斗。如果赵博生不牺牲的话，抗战的时候应是敌后战斗的一把好手。

令人慨叹的是，赵博生虽然作战勇敢，却又不是一个只有匹夫之勇的旧军官，他有出色的文采，识音律，他的《革命精神之歌》，歌词中有"侧耳远听，宇宙充满饥寒声"这样充满深情的句子。

→ 汉中受挫，继续探索

（33岁）

　　1930年蒋介石、冯玉祥、阎锡山军阀大混战，赵博生所在的十四军奉命留守西安，未去参战。10月，一场混战下来，冯玉祥大败，只得再度通电下野，其主力部队在河南郑州等地被蒋介石收编，其西北军残部被宋哲元所掌握。11月，杨虎城率部入陕，直趋西安，要赵博生所部十四军投诚，接受改编。这时，摆在十四军官兵面前有两条路：或者是接受蒋介石的收编，实际上是缴械投降；或者是摆开阵势，与蒋军兵戎相见。当时开了一个会，讨论走哪条路。当时十四军孤军无援，处境危险，军长陈毓耀决定投降，听任改编。而赵博生不愿意继续干那祸国殃民的军阀混战，决计另找革命出路。于是赵博生心里有了新的打算。因为他平时就非常注重在特种兵旅教导大队中灌输进步思想，此时这个大队已经具有初步的革命觉悟和爱国热情。教导大队人数少而精，毕业出去就是排长、连长。赵博生想：能不能把这支队伍拉出去，逐步发展壮大，摆脱军阀控制，建立一支真正独立的为老百姓打仗的军队呢? 他决心尝试一下。赵博生召集教导大队官兵，对他们说："我们不能交枪，那不过是由一个军阀转到另一个军阀的手中,继续为他们卖命。打来打去,仍不过是军阀混战,祸国殃民,这是违背吾辈革命军人的良心的。大家如果相信我赵博生，我愿意带领大伙离开西安，另谋一条革命的出路。"赵博生的这个想法引起了许多人的共鸣，得到了五百多人的积极响应和一致赞同。于是，他把这支有五百人的队伍，组成一支"三民主义救国军"。大伙儿推选赵博生为司令，孙毅佐之。下分三个支队，分别由李青云、郭如岳等担任支队长。在杨虎城入西安前夕的一个秋夜，赵博生以演习为名，把队伍带出城外，准备南下汉中，独树一帜，谋取新的出路，另创革命局面。

值得一提的是，正是在赵博生的影响下，孙毅与革命结下了不解之缘。1931 年 12 月 14 日，孙毅参加了赵博生、董振堂等人领导的著名的宁都起义，从此走上了革命道路，成为我军知名的胡子将军。孙毅的军政文化素质很高。一生勤奋治学，学识颇深，是武将，也是儒将，曾得到毛泽东、朱德、叶剑英、彭德怀、刘伯承、罗荣桓、聂荣臻等老一辈无产阶级革命家的

△ 孙毅

亲切教诲、赞扬和帮助，并结下了深厚情谊，是
一位为党和人民立下卓越功勋的老将军。

　　这是赵博生第一次独立领导一支队伍，可以
想见，他心里是兴奋和急迫的。队伍跟着他一
路向户县进发。到县后，住了一晚。找到县长，
叫他筹来一些款子，又搞来一些毯子、水壶等日
用品。随后开进崂峪口，由崂峪口向东江口挺进。

　　不料这里土匪势力猖獗，各种番号和建制
的混七杂八的队伍，不时出没于城镇乡村、山林
草泽之间，为非作歹，蹂躏百姓，同时又弱肉强食，
互相火并，占山为王，遥相呼应。赵博生率领的

队伍恰好进入了这个贼网，势孤力单，只好退守深山。由于供给无着，特别是军粮无法解决，只能以包谷、核桃为食，难为长久之计。其时，杨虎城部的参谋长是赵博生在保定军校的同学，闻知赵博生遭此境遇，便多次派人持函联系，劝赵博生接受杨虎城的收编。赵博生出于无奈，表面从之，实际上赵博生和教导大队多数人员均未归降杨部，而是以分散的形式，各奔前程，待后遇机会聚而再举。为了今后便于联系，分手之前印了一本名册，类似于"同学录"的形式，每人除把自己的姓名、籍贯、通讯地址填上以外，还有一栏是"誓言"。记得赵博生在"誓言"栏里写了下面的话："长期从事地下斗争，不达目的不止。"队伍散了以后，还有战友回到家乡，把赵博生写的《革命精神之歌》刻印了五百张，在当地散发。

这次行动，实际上是赵博生为摆脱旧军阀，另辟革命道路而作出的一次大胆的尝试，勇敢的抗争！失败的原因是显而易见的。最根本的原因是没有革命理论和革命政党的领导。当时打的旗号是"三民主义救国军"，就赵博生当时的思想认识来说，主要信仰还是孙中山的三民主义。虽然他在 1929 年派心腹寻找过共产党（没有找到），但他对马列主义和共产党关于中国革命的理论，还只是初步接触，只有朦胧的憧憬，没有较深的认识。而这次失败却给了赵博生以深刻的教训，迫使他不能不思考：国民党和三民主义救不了中国；靠少数几个人另立山头单枪匹马地干，毕竟势单力孤，难以动摇根深蒂固的旧势力。那么救国救民的革命主力军究竟在哪里呢? 赵博生并没有因为汉中受挫而气馁，他还要继续探索。

寻求真理获新生

(1930—1931)

艰难找党，寻求真理

★★★★★

（33—34岁）

西安分手以后，赵博生带着警卫员孙芳桂等几个随身人员，来到河南郑州，投奔其五叔赵以元。当时赵以元是二十二路军的少将交际处长。二十二路军的总指挥是吉鸿昌将军。赵博生想通过吉鸿昌和赵以元，谋一条新的生路。

吉鸿昌和赵以元设宴为赵博生接风。席间，谈到几年来的波折和今后的打算，感叹之余，赵博生激动地说："不管怎么说，我还是要走革命这条路，你们帮助我到苏联去吧！我要在那里好好学习一阵子，回来再起兵讨贼！"但赵以元却另有见地。他说："这年头是实力政策，有人有枪才有说话的地方，要想干出一番事业，还是得抓枪杆子！我劝告

△ 吉鸿昌

你先在这里住下，等待机会吧。"赵博生见五叔说得有理，就答应住一段看看再说。

赵博生在郑州闲居的消息，很快让驻守山东的二十六路军总指挥孙连仲知道了。孙连仲原先也是冯玉祥的部下，不久前才被蒋介石用重金收买过去。孙连仲久闻赵博生勇敢、多谋，尤其长于做参谋工作，爱其才能；同时他那一摊子乌合之众，没有一个得力干才也难以支撑，于是立即派人到郑州来，聘请赵博生担任第二十六路军总参谋长，襄理军务。这正符合赵博生和其五叔原先商量的意见。在征得吉鸿昌将军的同意之后，赵博生便收下聘书，走马上任了。

国民党第二十六路军是一支五万多人的部队，这支部队不是蒋介石的嫡系，它是由原冯玉祥的西北军一部编成的。1930年西北军在中原大战中败北，退到黄河以北的原反蒋军第二方面军第五路总指挥孙连仲，于10月18日，在新乡通电投蒋，10月26日被委为第二十六路军总指挥。随后该部调山东济宁一带就势整编，以原西北军之十三、十五师和随孙连仲投蒋的原冯玉祥总部手枪旅编为二十五师，孙连仲兼师长，以原西北军第十二师及高致和、曹金声两个旅编成第二十七师，以高树勋为师长，另将原西北军骑兵第四师张华堂、祝常德两旅编成骑兵第四师，以原西北军骑兵第三师师长关树人为师长，归入该路军。

二十六路军被蒋介石收编之初，其装备虽然不是很差，也有一定的战斗力，但是比起蒋介石的嫡系部队，却处处矮三分，士兵月饷只有嫡系部队的百分之七十。蒋介石对这个部队是不信任的，为削弱它的力量，改编时只给它两个番号：二十五师和二十七师。孙连仲只得把原先的十三师、十四师、十五师压缩为三个旅，合编为一个师，原先三个师长一律降级为旅长（原十二师三个旅不动）；蒋介石又让装甲列车、野榴弹炮和重迫击炮部队以及两个骑兵师脱离二十六路军的建制，以削弱分散它的力量。二十六路军的官兵在早期的军阀混战中吃过蒋军的亏，收编后又备受歧视，心里对蒋介石都憋着一股怨气。部队的这种情绪，与赵博生有共通之处。

二十六路军大都是北方人，蒋介石怕他们留在北方不好管，

△ 第二次反"围剿"战斗遗址

于是于 1931 年 2、3 月间，在对我中央根据地发动第二次反革命"围剿"时，首先将二十六路军等杂牌军队调入江西打头阵，名言"剿匪"，实际上是调虎离山，让红军与二十六路军两败俱伤，达到其消灭红军和排除异己的一箭双雕的目的。二十六路军官兵洞察其奸，积怨就更深了。

在二十六路军开往反共前线的同时，赵博生的思想陷入深刻的矛盾之中。他知道，红军是共产党领导的军队，苏区是共产党的革命根据地，现在要去进攻苏区，把枪口对准红军，红军真像蒋介石宣传的那样青面獠牙、十恶不赦吗？大革命时期那些共产党人的影子，以及那时候西北军在共产党人的帮助下生动活泼的军队生活和令人鼓舞的战斗情景，又再现在他的眼前。几年来，他经常回顾这段生活，想起了刘伯坚主任以及许许多多朝夕相处的共产党人，经过几次挫折和失败，他愈加感到共产党人方向的正确和人格的伟大。1929 年，他在西安驻防的时候，曾经暗暗地叫他的心腹朋友张志诚找共产党联系，他对张志诚说："据我考察共产党在西北军中的所作所为，他们是真想革命的，我们与共产党取得联系，可能是一条生路。"并嘱咐说："什么时候找到了（共产党），赶快和我联系。"但因为当时党处在秘密时期，没有联系上，他只好搁下此事。但是，共产党人的影子和那种使他倾心追恋的大革命的气息，始终没有在他心中熄灭。现在，当他奉命开往江西"剿共"的时候，这种往昔的记忆在他的脑中更加活跃起来。蒋介石、国民党已使他感到厌恶，"三民主义革命"看来也是无望的了。"剿共"是他所不情愿的，但是军令如山，下一步怎么办呢？根据他在部队中的威信和号召力，以及其他方面的一些因素，他是可以掌握一部分力量的。但是，即使如此，又将如何行动呢？汉中那场失败，余痛犹存，不能不记取。如果不能找到一条正确的道路，仍将一事无成。经过一番苦苦思索之后，他毅然决定：找共产党去！

1931年4月，二十六路军开到江西宜黄集结，准备参加蒋介石向中央根据地的第二次"围剿"，赵博生找个理由，亲自去了一趟上海。然而费尽周折，始终没有探出个眉目来。他又派心腹李参谋外出寻找刘伯坚等人，结果又是徒劳而归。

面对此时的局面，二十六路军两万余将士如同是坐在了火山口上。前进，是他所不愿见到的与共产党领导的红军为敌；后退，则有蒋介石在广昌的嫡系部队阻拦。困守在此也不行，二十六路军多系北方人，在这淫雨绵绵的南方山区水土不服，加之疟疾流行，长此下去早晚得死光。一股沉重的责任感压在了他的心头，难以排遣，每念及此，赵博生便会深深地叹口气，缓缓起身，踱出军营。每当他径自来到梅江岸边，静静地望着远处高耸的翠微峰，他都会想起了以前西北军时的政治部主任刘伯坚。

那还是国共合作时期，冯玉祥请来了共产党人帮助其治军，分任西北军各部政治工作负责人。刘伯坚便是他最钦佩的一位，和他们相处久了，他觉得共产党人身上仿佛有一种特有的磁力，深深地吸引着自己。当时的西北军中盛传着一句话——"听刘主任一次演讲，可抵三月饷。"只可惜，那段岁月太短暂了，"宁汉合流"后，冯玉祥也跟着开始在军中清党，刘伯坚、邓小平、王一飞、刘志丹等著名的共产党人被迫离开西北军。当时的他感到很失望、很茫然。对冯玉祥的背信弃义，他非常不满，常常当着士兵们说："我每天都准备着死，在未死之前，活一天就得坚决为工农穷苦群众奋斗一天。"

不久，以蒋介石、冯玉祥、阎锡山、李宗仁为首的四大军事集团开始了对权力、地盘、地位、利益的明争暗斗，矛盾日益加深。终于在 1930

△ 张学良和蒋介石

年 4 月 1 日爆发了著名的中原大战。这场国民党内部的军阀混战，双方共投入了一百多万军队，持续时间达半年之久。这其中冯玉祥的讨蒋主力西北军，更是倾巢出动。大战前期，蒋介石的中央军被打得节节败退，连蒋介石本人都差一点儿成为西北军的俘虏。可至大战后期，雄踞东北的张学良通电拥蒋，并下达东北军入关的命令。顷刻间，几十万东北军杀入关内，这无异于在西北军的背后捅上了一刀，再加上蒋介石惯用的分化和瓦解手段，二十多万西北军开始纷纷倒戈。

失败和挫折令赵博生倍感失望，每当这个时候，他就会想起刘伯坚主任临走前对冯玉祥说过的那句话："总司令既已决定与蒋介石合作，说明我们之间已志不同，道不合，只有分道扬镳。既然这一天来了，但请总司令记住一句话，同蒋打交道，终有一天是要后悔的。"现在兵败下野的冯玉祥岂止后悔呀！而此刻，赵博生更觉得共产党的正确和伟大。

→ 光荣入党，新生重获

★★★★★

（34岁）

　　正当赵博生积极寻找党的时候，1931年5月，我党中央从上海派王超、袁血卒（袁汉澄）、李肃三名共产党员潜入二十六路军搞兵运工作，开始了党的有组织的活动。这三位同志首先与二十六路军中的地下党员、七十三旅上尉参谋刘振亚接上了关系，很快掌握了二十六路军各级军官的政治态度和士兵思想动向，并充分利用大革命时期共产党在这个部队中的政治影响，通过结人缘，交朋友，拉老乡、同志、同事关系等方式，宣传革命思想，提高他们的政治觉悟和对中国共产党的认识，先后介绍了总指挥部译电主任罗亚平、总指挥部上尉执法队长王振铎、七十三旅学兵连连长李青云、战士王际坦（即王幼平）等同志加入了党的秘密组织，并经中央批准，在二十六路军中建立了共产党特别支部，由刘振亚任特支书记，袁血卒（袁汉澄）、王铭五分别任组织委员和宣传委员。与此同时，发展赵博生入党的问题也提上了议事日程。

赵博生掌握总指挥部，他活动能力强，在官兵中威信高。如果能争取赵博生加入党组织，将给党组织的活动带来许多方便，对二十六路军的兵运工作将产生深刻影响。但是他毕竟是国民党的高级军官，万一出了问题，其破坏作用也是很大的。因此，对发展赵博生入党问题，党组织格外慎重，曾开会研究过好几次。

一天，特别支部在宁都县城一家酒馆的小楼上，以吃饭、打麻将作掩护举行秘密会议。这次主要由党中央特派员王超介绍和分析赵博生在历史上和现实中的主要表现。他指出，赵博生在西北军的时候，爱护士兵，清廉自守，有忧国忧民思想，是一个真正的爱国者。对军阀混战、生灵涂炭极为不满。冯玉祥把共产党人请到西北军整顿军队，对赵博生的思想影响较大，他对共产党人很有好感，特别是对刘伯坚很佩服。大革命时期他倾向于左派，对国共分家他不满意，认为蒋介石发动四·一二政变是背信弃义；对冯玉祥驱共产党人出西北军表示不理解、不满意；与西北军中顽固派政见不合，曾带领队伍上山，自寻救国出路。随二十六路军进入宁都以后，他对苏区的宣传品特别留心研究，偷偷地搜集和阅读苏区的各种书籍和出版物。凡是以"赤匪"罪名抓来的农民，送到总指挥部以后，他都设法予以释放。他的这种倾向共产党、同情红军的思想还表现在他同士兵的谈话中。他多次问士兵："你为什么打红军？红军分田地你赞成不赞成？"他还多次问译电主任罗亚平："你是湖北人，湖北是出共产党的地方，你见过没有？真是青面獠牙，嘴巴像血盆那样大？"这说明，赵博生对共产党、对红军不仅没有敌意，而且是同情和有好感的。在分析了赵博生这一系列情况以后，王超特别强调指出："赵博生内心活动的主要东西，肯定地说是在积极地寻找新的出路，如果我党不采取主动，因势利导开展工作，是会失去时机的。"与会同志同意王超对赵博生情况的介绍和分析，决定向他进行试探。

试探的办法是先向赵博生发出一封信。这封信王超事先已经拟好，意见一致之后，王超就把这封信念给大家听并进行讨论、修改。这封信首先分析了九·一八事变后中国的局势，接着列举大量事实，说明二十六路军目前进退维谷的处境：蒋介石把二十六路军以及其他非嫡系部队放在第一线，把自己的嫡系部队放在二线或部署在杂牌军的后方，监视和限制他们的行动，名为"剿共"，实际上是排除异己，借刀杀人。现在蒋介石的嫡系朱绍良部驻守在广昌一带，堵住了二十六路军的后路，宁都四面都是红军，二十六路军的处境是前无进路，后无退路，打下去只有死路一条，唯一的出路就是摆脱蒋介石的反动统治，反对他的内战方针，同红军联合起来，一致抗日。希望赵博生能认清形势，对此作出贡献。"特支"会议还做出决定：信件由罗亚平设法转交。因为罗亚平的公开身份是总指挥部的译电主任，进出赵博生的办公室比较方便，不会引起怀疑。

当然，党组织在这样做之前，同时也作了种种应变的准备和部署：如果赵博生能接受信中的主张，就直接向他亮明情况，表明我们的态度；如果他迟疑不决，就等待、观察一段时间，采取不即不离的态度；万一出了问题，罗亚平立即转移苏区，但要作好牺牲的准备，宁死不能暴露其他同志。

罗亚平根据"特支"决议，利用工作之便，暗暗地把信压在赵博生的办公桌上。

其时，赵博生对部队中党的活动，已隐隐约约有所察觉：根据罗亚平平时的言谈表现，他对罗亚平的身份也猜出了几分。所以当他看到桌上的信，一下子就猜出了这封信的来历。不久后的一天，当部队出早操的时候，赵博生把罗亚平叫到自己的寝室，让他坐下，然后从桌子上摆着的几本书里抽出特别支部写给他的那封信，对罗亚平说："这封信我看了，写得好哇！"他一边说一边指着信上划着红道道的地方，连声说："说得对，说得完全对。"此时的赵博生，态度诚恳，语调和蔼亲切，以尊重和依赖的态度对罗亚平说："这封信我看不是你写的，不过它压在我的办公桌上，一定与你有联系。"罗亚平没有做声，实际上是默认了赵博生的猜测。赵博生感到了这一点，又以更加诚恳的语调对罗亚平说："我赵博生的情况你是了解的：有志革命已久，苦于无人领导。自从在西北军里接触了刘主任，我就感到共产党不平常，是真想革命的。西北军失败以后，在没有出路的情况下，我曾经几次派人找刘主任，我自己还亲自去了一趟上海，都没有达到目的。我猜想这封信是以共产党组织的名义写给我的，信上说的意见我都同意。"罗亚平听了赵博生这些真诚的表白，感到可以信赖，就进一步亮明了观点，赵博生高兴地说："好，我今天叫你来，没有别的话说，我要求参加共产党，不要看我是参谋长，叫干什么我就干什么。你来做我的引路人吧！"

当天，罗亚平迅速向特别支部汇报了"试探"的经过和赵博生的态度。着重指出若能争取到赵博生入党，那么党在二十六路军中的兵运工作等于是往前跨出了一大步，而且更有利今后工作的广泛开展。在以后的几次深谈中，赵博生主动向党组织讲了个人的思想、经历和部队情况，以求得党组织对他的了解和对部队前途的明确指示。特别支部经过讨论，认为赵博生对党是有诚意的，决定吸收他入党。于是特别支部立刻把赵博生的情况和入党要求及时上报给上海中共中央，中共中央在审查了他的全部历史和政治表现后，于 1931 年 10 月，正式批准赵博生加入了中国共产党。

→ 兵运工作，崭新阶段

★★★★★

（34岁）

赵博生入党以后，党在二十六路军中的兵运工作进入了一个新的阶段。在之后的一段很短的时间内，在二十六路军中，共产党的秘密活动如雨后春笋般迅猛地开展起来。他们在军中以朋友关系、同学关系、部属关系、同乡关系等，广泛结交，从中物色中坚分子，再通过宣传、组织学习等，经过一段时间考验，然后发展入党。短短几个月时间，就发展了七十三旅上尉连长李青云，总指挥部中校参谋杨金堂，上尉执法官王宏文、七十四旅机枪连少尉排长王铭五，总指挥部执法队队员王振铎、王际坦、赵鸿志、杨艺林、谭时济、刘静生、霍万钟、田玉珊、李春华、卢子美、董俊彦等人入了党。此外，大革命失败后与党失去联系的共产党员，二十七师七十九旅的上尉副连长熊伯涛也重新与党接上了关系。

二十六路军确实是策动起义比较理想的目标。这支军队从组成之日起，就陷入内外矛盾之中。首先是与蒋介石和蒋军嫡系的矛盾；其次是内部派系之争。蒋介石强令二十六路军由四个师缩编为两个师，孙连仲在执行时不是对自己手下的部队一视同仁，把两个师合并为一个师，而是有亲近疏远，把他的嫡系高树勋的十二师编为二十七师，其余三个师合编为二十五师，他自己兼任师长，这三个师的师长都降为旅长，引起内部争端；军官之间将校团派与士官派之间也有矛盾；孙连仲待下苛刻，克扣军饷，许多人当面叫他总指挥，背后骂他"孙肉头"。这支队伍开到江西以后，这些内外矛盾变得愈加尖锐而不可调和。

二十六路军大都是北方人，驻守宁都以后，对南方环境不适应，怕吃大米，怕下雨，怕生病，怕与红军打仗。兵饷本来就不足，再加上层层克扣，士兵生活更加清苦，天天喝稀粥，吃卷心菜，许多人吃不饱，瘦得厉害，再加上水土不服，疫病流行，许多人病死，一个团平均每天要死四五个人。在国民党军队里，士兵死了，当官的可以吃空额。一个士兵一个月有八块钱，多死一个人就多得一份薪饷，当官的巴不得多死些人。有一次，马侠和鲁瑞林到城外遛马，忽然听到坟堆里有人哼哼，走近一看，原来是一个病兵还没有死就被埋下了，由于埋得浅，哼哼之声，达于棺外，后来被挖出来了。二十六路军进驻宁都不到三个月时间，城北面和西面就增加了两三千个新坟头。士兵们指着坟头说："我们早晚都要到这里来排队！"因而人心浮动，军无斗志，厌战思乡，情绪强烈。有不少士兵忍受不了这种境遇，就开小差逃跑。蒋介石下了一道命令：开小差过南昌者，抓到一律枪毙。这样一来，官兵士气更加低落。士兵中流传着几句顺口溜："出

△ 博生堡是中华苏维埃共和国临时中央政府为纪念赵博生烈士而建造的。由第二次全国代表大会准备委员会监造，钱壮飞设计。

了北门望北城，新坟更比那旧坟多，新坟埋的都是北方老大哥。要想回到北方去，只得联合起来倒戈。"这里说的"倒戈"，就是倒戈反蒋，投奔红军。因为二十六路军驻守的宁都，四面都受苏区和红军的包围，宁都农村苏区正在中国共产党的领导下，巩固和发展土地革命的成果，建立工农民主政权，中央根据地扩大到二十多个县城。二十六路军许多士兵在根据地和白区交界处站岗，亲眼看到了苏区的情形；同时，在第二次反"围剿"中，二十六路军被俘一千多人，他们被释放后，有些人又回到原部队，成了红军的义务宣传员，偷偷地讲在红军中受到的宽大待遇，说红军不打不杀，还介绍红军内部的民主生活，这就把国民党对红军和苏区的欺骗宣传一下子揭穿了。在宁都城里，到处都是红军撤退时留下的标语："二十六路军的弟兄们，你们过去打蒋介石不知死了多少人，现在又为什么为他送命？""来吧，欢迎你们参加红军！""士兵不打士兵，穷人不打穷人！"这些宣传使二十六路军的军心更加动摇，许多人向往红军，感到只有加入红军才有光明的前途。

→ 民族危亡，生死关头

★★★★★

（34 岁）

不久传来九·一八事变的消息，日本对中国东北垂涎已久！九·一八事变前，它已通过日俄战争夺取了旅顺、大连和满洲铁路沿线并派兵驻扎，这正是它能够阴谋进行事变的前提。在 1927 年夏，日本内阁就在东京召开"东方会议"，制订了《对华政策纲领》，露骨地声称中国东北"在（日本）国防和国民的生存上有着重大的利害关系"。同年 7 月，内阁首相田中义一向天皇奏呈《帝国对满蒙之积极根本政策》（即臭名昭著的"田中奏折"），公然宣称："欲征服中国，必先征服满蒙；欲征服世界，必先征服中国。"从而确立了以"满蒙"为侵略基地的狂妄战略。从 1929 年起，日军陆军参谋本部和关东军在中国东北三省先后秘密组织了四次"参谋旅行"，侦察情况，制定了侵略中国东北的作战方案。1931年6月，日本陆军参谋本部和陆军省制定"满蒙问题解决方案大纲"，确定了以武力侵占中国东北的具体步骤；7月，陆军参谋本部把攻城重炮秘密调运至沈阳，对准东北军驻地北大营；8月，日本陆军大臣南次郎在日本全国师团长会议上叫嚷：满蒙问题只有用武力解决。随后进一步做了发动此次战争的各种准备。1931年9月18日晚，盘踞在中国东北的日本关东军按照精心策划的阴谋，由铁道"守备队"炸毁沈阳柳条湖附近的南满铁路路轨，并嫁祸于中国军队。这就是所谓的"柳条湖事件"。日军以此为借口，突然向驻守在沈阳北大营的中国军队发动进攻。由于蒋介石严令不得抵抗，东北军不得不执行"不抵抗政策"，当晚日军便攻占北大营，次日占领整个沈阳城。日军继续向辽宁、吉林和黑龙江的广大地区进攻，短短四个多月内，128万平方公里、相当于日本国土3.5倍的中国东北全部沦陷，三千多万父老成了亡国奴。这就是震惊中外的九·一八事变。东北的沦陷激起了全国人民的无比义愤，很快在全国各地掀起了声势浩大的民族抗日救国运动。而此时的二十六路军正驻扎在江西省宁都县"剿共"。

在九·一八事变以后，中华民族的危亡牵动人心，激起了二十六路军广大厌战官兵的强烈愤慨，他们纷纷骂道："国都不保，还他妈的剿什么共！"1931年9月20日，中国共产党发表了"日本帝国主义侵占我东北三省告全国民众书"，在全国掀

△ 日军占领沈阳城

起了抗日救亡的巨大浪潮。在中国共产党抗日救国方针的感召下，二十六路军的官兵既怀念北方家乡的父老兄弟，又关心中华民族的存亡，发出了"回北方，打日本"的呼声。在这一怒潮推动下，那些具有爱国心和正义感的官兵，在二十六路军高级将领赵博生、董振堂、季振同等人的号召下，联名通电蒋介石，要求北上抗日。时任总指挥的孙连仲也想借此机会摆脱困境，遂在电告蒋介石的同时，立即付诸行动，令全军北上，由董振堂的七十三旅在前面开道，离开宁都，向北挺进，开拔到离宁都六十里的胡岭嘴。然而蒋介石岂容二十六路军轻易离开，这一行动马上遭到蒋介石的拒绝和严厉申斥，他下令该军立即撤回原防，"死守宁都"，今后再有"佞谈抗日者杀勿赦"。当部队开到六十里外的胡岭嘴时，就遭到蒋介石的重兵阻拦。蒋介石还把其嫡系部队摆在北线，截住二十六路军的退路。部队只好开回宁都。这就更激化了广大官兵的反蒋情绪，整个军队就像一个火药桶，大有一触即发之势。

⊙→ 因势利导，筹划起义

★★★★☆

（34岁）

党的特别支部和赵博生多次研究和分析了二十六路军中潜在的革命形势，决定抓住这一有利时机，开展有组织有计划的政治鼓动，因势利导，把群众情绪引导到正确的方面，促进革命条件的早日成熟。

共产党员和积极分子们都积极行动起

来，有的在士兵和下级军官中成立半公开的群众组织，例如七十三旅学兵连连长、共产党员李青云组织了"学术研究会"，该连所提拔的副班长和一些士兵中的积极分子都参加了这个组织，它实际上是党的外围组织，借学术研究，宣传革命思想，掌握思想动态，有针对性地进行政治教育，培养起义的骨干力量。李青云是河北成安县贾庄村人。1920年考入武汉军校，毕业后留校任教。1926年北伐军攻克武汉，他拥护北伐，成为一名活跃分子。1927年蒋介石、汪精卫叛变革命，大肆捕杀共产党人和进步人士。他作为一名竭诚拥护北伐革命的活跃分子也在被捕之列，只好化装逃出武汉，回到家乡。1928年，冯玉祥所属西北军路经贾庄村，他投身西北军，随部队到达陕西，任二十三军军部上尉参谋，由此结识军参谋长赵博生。1930年任十四军特种兵旅旅部副官长。中原大战失败后，到董振堂的二十六路军七十三旅，任旅部少校参谋。1931年2月，蒋介石命二十六路军开赴江西"剿共"，官兵日益不满蒋介石"攘外必先安内"的反动政策，董振堂、赵博生积极准备武装起义。在此期间，李青云加入中国共产党，并积极开展党的活动，先后发展九名党员。接着，又任七十三旅学兵连连长和二十六路军中共特别支部士兵支部书记，参与策划宁都起义的一系列工作。

还有些党员则抓住各种机会，通过开展交朋友、谈知心话的活动，进行试探和启发，争取更多的人支持或同情革命。由于赵博生和共产党员们积极有效的工作，兵运工作进展甚快，昔日军中的抑郁沉闷之气为之一扫，在下级官兵中，公开喊出了"我们是中国人，一定要回北方打日本！""红军主张抗日，是我们的兄弟！"等口号。

党的特别支部把这令人鼓舞的革命形势迅速报告了中央军委，军委立即指示：周密制定起义的行动计划和实施方案，在适当的时机发动起义，整个行动由赵博生负责指挥。

赵博生欣然受命。他和党组织一起，经过周密研究，准备了三个起义方案：一是争取部分起义，即让学兵连去宁都城东南三十华里的地方实弹打靶，举行起义，投奔红军；二是争取我党工作较成熟的两个团起义；三是举行全军起义。第三个方案是最理想的，赵博生决定全力以赴，力争实现第三个方案，带领全军起义，加入红军。

临危受命不畏难

➔ 发展董振堂

★★★★★

（34岁）

为了使起义更多一份成功的把握，赵博生不仅大力团结下层官兵，作为起义的基本力量，而且尽量争取高中级军官的同情和支持，以利于稳住部队，减少阻力，争取起义的更大效果。为此，赵博生真称得上是赤胆忠心，呕心沥血，抛开一切个人得失，坚决执行党的指示，既表现了高度的党性原则，也表现了高度的政策和策略水平。

赵博生虽是二十六路军的总参谋长，可手里能够掌握的部队并不多，只有总指挥部特务营、辎重营、工兵营、炮兵营等少数直属部队。要想有大动作是很困难的，必须团结一部分手握实权的旅、团长们才能有所作为。因此他与党组织多次研究，决定由他本

△ 董振堂

人来作他的好友——七十三旅旅长董振堂的工作。

董振堂，字绍仲，1895 年 12 月 21 日出生于河北省新河县李家庄村。兄弟三人，他排行第二，由于家境贫寒，董振堂自小就十分懂事。那时正是八国联军侵略中国、义和团运动蜂起的年代，他目睹了帝国主义在中国领土上胡作非为，立志要读书报国。1916 年，董振堂以优异成绩考上了河北保定军官学校——清河预备学校。1921 年进入保定军官学校炮科。毕业后，他拒绝了直系军阀吴佩孚的邀请，与同学张克侠（1929 年在上海加入中国共产党，曾任二十九路军副参谋长，国民党第三绥靖区副司令，1948年11月率两万余官兵在淮海战场起义）、何基沣（1939年被批准为中共特别党员，1943年任国民党第七十七军军长，1948年与张克侠在淮海战场率部起义）、边章五（1931年随董振堂参加宁都起义，历任中国工农红军第五军团第十四军四十师师长、第三十九师师长、总参谋部作战科科长、教育科科长等职。中华人民共和国第一任驻苏联大使馆中将武官，朝鲜停战谈判代表团首席代表。）等人入冯玉祥部队第二师任见习官。在部队里，他从不摆官架子，同士兵们一起摸爬滚打，同甘共苦，深受士兵们的爱戴和拥护。

1924年10月，在与奉系军阀的作战中，董振堂率炮兵营一举击毁了敌方的装甲列车，被破格提拔为工兵团团长，不久又升任国民联军第四师第十二旅旅长。在北伐战争中，董振堂率部进入湖北，直插直系军阀吴佩孚的心脏地区，在樊城一举歼灭吴佩孚的司令部和警卫营。这以后，由于其出色的军事才能备受冯玉祥的器重和提携。1929年，经过多年的军阀混战，全国暂时取得了统一，国民党政府在南京召开军队编遣会议，冯玉祥的西北军共编为十二个师，董振堂出任第十三师师长，授衔中将。紧接着，冯玉祥在自己的部队里清共，面对白色恐怖下的西北军，许多共产党员被迫出走，有的失踪，有的被捕。董振堂的师里也不例外，他对共产党人的遭遇深感惋惜。

董振堂在西北军将领中为人朴实是有名的，在洛阳任十三师师长兼警备司令时，恰巧其兄董升堂（字希仲，国民军少将，曾任西北军张自忠部三十八师一一四旅旅长，参加了喜峰口和卢沟桥抗战。后任国民党第五十九军一八零师师长，第四十军参谋长。解放后经统战部门介绍，进入华北革命大学学习，毕业后分配到解放军骑兵学校任战术教官，后调总参军训部高级研究室任研究员）也在洛阳训练总监部任部长。兄弟二人共同商量，接父母、妻小到洛阳享受一下天伦之乐。董振堂给他的妻子贾明玉买了一件棉袍、一件小棉袄和一件棉裤，都是用布做的。那些身穿绫罗绸缎的地方官太太见了，觉得司令的太太穿着太寒酸，贾明玉怕给丈夫丢了面子，回来后便说给丈夫听。董振堂却不以为然，他对妻子说："七妹（爱称），这已经不错了，比起农村要好多了，咱们都是穷苦出身，不要学那些官太太们的坏习气。"

贾明玉善良贤淑，自然领会丈夫讲的话。自来部队后，她很少麻烦卫兵，只要能做的事情都是自己做。董振堂经常下部队亲自指导训练，很累也很辛苦，每天换下来的脏衣服贾明玉全给包了，有时还会把卫兵的衣服顺带一起洗了。在国民党的军队里，卫兵做的事情除了保卫长官的安全，还要为长官洗衣、按摩、打洗脚水、伺候官长夫人等等，挨打、挨训是常有的事。而董振堂不一样，全是自己动手，从不让卫兵做这些事情。现在长官夫人要洗他们的衣服了，卫兵们说啥也不肯，董振堂闻讯从房间里出来，说："不要争了，你们的工作也很辛苦，就让她洗吧！"

碰到长官们开会，卫兵大多会聚在一起，聊各自的工作、聊各自的长官，唉声叹气常有抱怨。每到这个时候，董振堂的卫兵们总是不做声，脸上却洋溢着幸福的微笑，因为他们深爱着自己的长官，为拥有这样的长官而自豪。

由于冯玉祥与蒋介石的矛盾不断恶化，战争迫在眉睫。面对动荡不定的时局，董振堂劝妻子带孩子回河北老家去。临行前，董振堂给她买了件毛衣、一个枕头，并交给她十元钱。为打消妻子的顾虑，憨厚的董振堂握住她的手说："你放心回去吧！我这辈子，你甭惦记我吸烟，甭惦记我喝酒，也甭惦记我嫖窑子。阔起来，我也不会去寻小老婆，就和你过一辈子！"

董振堂就这样跟妻子匆匆告别了。这以后，他终生坚守自己的诺言，用自己全部的精力去爱兵、带兵、研究战略战术、读书、思考，追求探索光明的道路。

当时，军阀部队里的高级军官，大都生活糜烂，吃喝嫖赌，无所不为。身为中将师长的董振堂，月薪已有二百多元，这在当时可谓高薪了，却依然过着十分简朴的生活，每顿饭都是馒头和简单的两菜一汤，然而对下面的军官和士兵，他却非常大方，无论谁有困难，总是慷慨解囊。

他每月的薪水都交卫兵高志中代管，今天这个连长有困难，他让小高给送去二十元，明天那个营长家出事了，又让小高拿出三十元，却很少往自己家里捎钱。有一次师部参谋郭如岳病了，听到消息后，董振堂叫小高拿出自己的钱给郭参谋买病号饭。过后，又让小高送去二十块大洋，让他补养身体。

董振堂的重义轻财和如此关心下级，深受部下官兵的爱戴，在当时的西北军中，很多士兵称他为"不爱钱的将军"，而有些不理解他的士兵和官长则称他为"傻司令"。

1929 年秋，在董振堂的老部下及好友苏进的推荐下，一位名叫刘振亚的青年来到他的部队，董振堂把他安排在自己身边任参谋。当时董、苏二人都不知道刘振亚是潜伏下来、没有暴露的中共地下党员，而且是以后的二十六路军中唯一与党保持联络的地下党员。部队驻扎宁都后，正是在刘振亚的帮助下，中革军委派出的兵运小组的王超、袁血卒（袁汉澄）、李肃三人才得以顺利打入到二十六路军各部，并发展到有三十多名党员的特别支部。可以说，董振堂在不经意间，早就为革命立了一功。

鉴于董振堂是赵博生在保定军校的同学，又是河北同乡，他为人作风正派，能吃苦，极富正义感，在基层官兵心目中有比较高的威信和号召力。而且董振堂的七十三旅实力比较强，一向是我党活动的重点，如果能把旅长董振堂争取过来，对宁都起义的成功将起到有力的保证作用。赵博生认为争取董振堂站到起义方面来是完全有条件的，因为董振堂曾经有过倾向革命的言论，部队被收编后，与蒋介石和国民党顽固派一直有矛盾，对于蒋介石强迫二十六路军到江西进攻红军的反动策略，他是很不愿意的。于是赵博生利用同学、同乡关系和多年的交情，积极开展对董振堂的工作，正常工作交往、转城墙（散步）、打猎等，都要借机交谈，谈二十六路军的困难处境和蒋介石的媚外压内，优亲欺疏；有意无意地介绍一些苏区和红军的情况；探讨二十六路军的出路和军人对抗日救国的责任等等。通过这些规劝诱导，赵博生诚恳地对董振堂说："我们亲如兄弟，出路咱们共同闯，不论什么情况下，都要团结起来一起干。"到了起义前夕，赵博生对董振堂的工作更加深入细致。

12月初的一天晚上8点多钟，赵博生带着共产党员刘振亚、郭如岳、李青云等同志来到七十三旅旅部了解情况，实际上是进一步做董振堂的工作。赵博生问董振堂："七十三旅大家的情况怎么样？战斗又快要开始了。"董振堂让参谋刘振亚等人讲了目前七十三旅上下军无斗志、厌战思乡的情况，赵博生趁机说："你们看，咱们还能打过红军吗？你们还有没有勇气？"在冷了一会儿场之后，董振堂说："我看部队的去向问题是个大问题。第一，我们没有兵源，减员不能补充；第二，生活补给得不到保证；第三，武器弹药不足；第四，兵心涣散。看来打也是完，不打也是完。现在到底怎么办，我也拿不定主意。请参谋长看怎么办好，反正官兵都愿回到北方区，不愿在江西，在江西也得喂了江西的狗。"

听了董振堂的这番话，赵博生感到时机成熟了。情况谈完以后，赵博生留下来，同到董振堂的住处，要来夜饭，两人一边吃一边说话。

赵博生说："老董，你看咱们的去向如何呀？红军的情况你们掌握一些吗？"

董振堂说："红军的情况听说过一些，我们听到的、看到的与国民党宣传的完全不一样。"

赵博生接着说："是这样。短期可以欺骗，

现在咱们到了江西，和红军接触机会多了，再欺骗也欺骗不了啦！咱们打仗时被俘虏的官兵都放回来了，过去说红军逮住一个杀一个，一个也不留，实际上人家一个没杀，还发了路费；还说共产党共产共妻，咱们被俘虏的军官太太都给放回来了，这事情怎么讲啊？还能让人相信吗？"

赵博生又接着问："你们旅有放回来的人没有啊？有没有与共产党联系的人？"

董振堂说："跟共产党联系的人我说不上。被俘虏的，有个连长，现在正在警卫连押着呢！他在苏区待了二十多天。"

赵博生说："你能不能叫他来，把共产党的情况谈一谈，共产党都跟他谈了些什么？"

实际上，赵博生是想借被红军俘虏过的人的话，宣传红军和苏区的情况，对董振堂做工作。

董振堂让人把那个连长带了来，赵博生问："你被共产党抓去了多长时间？"连长回答说："连抓带放二十来天。"

赵博生又说："共产党待你怎么样？你如实讲，我们不怪你。咱们打败了，你被人家抓去了，你还能回来和咱们一起打仗，人家怎么说，你就怎么讲，不怪罪你。"这个连长说："人家对我很好，不打不骂，跟人家吃一样饭，我没见人家打人骂人，愿意回来的回来，不愿回来的可以当红军。我愿意回来，人家还给了两块白洋。"

董振堂也问："他们还讲什么？"那个连长说："讲不要替

蒋介石卖命，你们想回北方去的话，咱们联合起来，打回北方去。还讲红军对老百姓和气，官兵平等，对待俘虏不打不骂，还发给路费，开路条。人家说：咱们要想活着，只有跟红军联合起来一块儿干。"

把那个连长送回去以后，董振堂问赵博生："老赵你看怎么办? 他讲的这种情况? "

赵博生趁机对董振堂说："咱们这个部队要靠近红军，你看行不行? "

这也是董振堂日夜思考的问题。他见参谋长对自己推心置腹，十分感动。他诚恳地对赵博生说："我七十三旅可以听参谋长的，别的不太清楚。我们是多年的老人，你看怎么好就怎么办吧! "

经过赵博生这番工作，董振堂已经完全站过来了。董振堂倒戈的决心下定以后，又充分利用自己在部队中的威信，积极做部下的工作。例如在研究起义行动时，大家感到有两个团长和一个营长不可靠，董振堂说，由我做工作。董振堂同这三个军官谈了两个多小时，三个人愉快地回去了。由于董振堂的影响，七十三旅成了起义的骨干力量,对起义成功起着至关重要的作用。

在宁都起义成功之后，起义部队被编为中国工农红军第五军团，董振堂任军团副总指挥兼第十三军军长，后任军团长。1932年加入中国共产党。先后率部参加赣州、漳州、南雄水口等战役战斗和中央苏区第四、第五次反"围剿"，屡立战功，曾获中华苏维埃共和国临时中央政府授予的红旗勋章。

→ 团结季振同

★★★★★

（34岁）

接下来要积极争取的就是季振同，他也是保定陆军军官学校毕业，属西北军高级将领中的后起之秀。季振同，原名季振佟，又名汉卿，字异之。自古燕赵多壮士。季振同正是河北沧州人。季振同1901年生于河北沧州。他出生于一个富贵的地主家庭，家有耕地几千亩，却不愿待在家里做清闲少爷。

△ 季振同

自小习武好斗，体格强壮，高挑个子，英俊豪爽，堪称一表人才。他为人精悍，好胜心强，重信用，讲义气。五四运动爆发时，他一改富家子弟的阔少旧习，于1919年到北京加入冯玉祥部队当学兵，以一腔热血参加了冯玉祥的"模范军"，先后在学兵营当班长，学兵团骑兵连当排长，接受西北军严格的军事训练。他仰慕冯玉祥的军人气质和艰苦之风，时时处处按着冯玉祥的要求锤炼自己，由于早年曾担任冯玉祥身边的贴身卫士，忠诚勇敢，深得冯玉祥的喜爱。由连长、营长、卫队团团长、教导旅旅长，直升至警卫师师长，1924年10月随部参加冯玉祥发动的北京政变，成为冯玉祥西北军中的佼佼者。

五原誓师时，季振同在总部与共产党人有了直接的接触，尤其是刘伯坚在他心目中有着极深的印象。他曾感慨地对部下说过："如果西北军的军官个个都能像刘主任那样，那咱们西北军就天下无敌了！"作为西北军的老资格，他性情剽悍，为人豁达，好交朋友，同情革命，更兼一身高强武艺，枪法、马术、跳阵、劈杀、格斗、擒拿、飞射等，无不精通。一次，冯玉祥与苏联顾问在丰镇驻地视察部队训练，季振同的马术令苏联顾问赞叹不已："了不起！这种骑术在哥萨克也不多见！"冯玉祥对季振同更为赏识，破格擢升为冯玉祥的贴身卫队团团长，后又提升为装备精良的手枪旅旅长，冯玉祥还将自己的侄女刘玉芝许配给季振同为妻。季振同在手枪旅任职期间，治军有方，用人公道，不问亲疏，只重有才无才，致使许多军中精英都愿加入他的麾下。当时，宋哲元部的黄中岳，才干出众，因不堪宋哲元的冷遇，曾拉走一个团的队伍。季振同闻知后，即把黄中岳请来，结拜"金兰"，亲同手足，并提请委任黄中岳为手枪旅第一团团长。

二十六路军进驻宁都城以后，官兵们的厌战情绪蔓延开来，七十四旅也不例外，加上他本人也不愿与共产党领导的红军开战，因此深感忧虑。有一次，他对身边几个卫兵说："有人说共产党是'赤党'，共产党的军队是'赤军'。想当年我们五原誓师时，人家协助我们，那时我们也曾被人们称为'赤军'嘛！'赤'是红色的意思，真心为国家做事的人才真'赤'！"接着，他问其中一个卫兵："你说说，谁是真正的工农革命军队啊？"卫兵不敢回答，季振同毫无顾忌地说道："得劳苦群众之心的军队，才是真正的革命军队！"士兵们望着他们的旅长，会心地笑了。

季振同所在的七十四旅，原来是冯玉祥的卫队手枪旅，在冯玉祥的西北军中，是很得宠的"骄子"、"王牌"，因而武器装备在二十六路军里是最好的。该旅实力雄厚，待遇甚高，每个兵士都配置有三大件：手枪、冲锋枪、马刀，还有五颗手榴弹。打起仗来，兵士十分勇敢，经常赤膊上阵，是出名的"敢死队"，深受冯玉祥赏识。因而，除了总司令冯玉祥外，手枪旅是目中无人的，可谓是西北军中的骄兵悍将。中原大战后，他的部队（第十四师）被蒋介石收编为第二十六路军七十四旅，他也由师长降为旅长。但他的部队在当时的二十六路军的六个旅中仍是最好的；论战斗力，他的旅与董振堂的七十三旅是二十六路军中最强的。这个旅的老兵多，跟随冯玉祥比较久，大革命时期，许多士兵见过或认识刘伯坚，受到党的影响，群众基础比较好。驻守宁都期间，七十四旅担任城防任务，宁都城里各要害部门都由他们把守。因此，争取季振同带动七十四旅起义，不但可以扩大起义的力量，而且便于控制局势，减少损失，对起义的成败起着举足轻重的作用。

季振同有没有参加起义的可能性呢? 赵博生和党组织经过认真分析，感到可能性是存在的。他瞧不起时任总指挥的孙连仲，称他为"孙肉头"，更瞧不起二十五师新上任的师长——他的顶头上司李松昆(原七十五旅旅长)。英雄惜英雄,他敬重的是参谋长赵博生和七十三旅旅长董振堂。季振同原是冯玉祥的心腹,他与孙连仲有矛盾,对归降蒋介石更是不服气。

到达江西以后,他曾秘密派人与冯玉祥联系,想摆脱藩篱,自成体系(我地下党掌握了这一情况)。九·一八以后,孙连仲借口养病,先后离开部队到南京、上海享乐。临走之前,孙连仲决定不再兼任二十五师师长,把七十五旅旅长李松昆提为师长,论资历、能力,李松昆比不上季振同、董振堂等人。季振同和他手下的一个团长黄中岳一向看不起他。地位上给季振同一些满足,只要做工作,是可以团结过来的。同时,季振同是河北沧州人,与赵博生是同乡,两人共事较久,季振同对赵博生比较尊重,这些都是争取季振同的有利条件。因此赵博生在党的会议上坚定地表示:"七十四旅由我负责!"

赵博生有总参谋长的方便条件,常去七十四旅并不太显眼。赵博生还经常借机向季振同吹风,对国家前途表示忧虑,对蒋介石不抵抗政策发牢骚,对蒋介石和孙连仲重用私人,不举贤才表示不满，触动季振同的伤心处，扩大了他与蒋介石和孙连仲的裂痕。

经过赵博生一番艰苦细致的工作，再加上当时革命形势的推动，季振同表示赞同起义。后来，党组织决定起义后由季振同任总指挥，并在起义前把指挥部和一部分饷银搬到七十四旅旅部。赵博生从大局出发，丝毫没有计较这些，愉快而坚决地执行了党的决议，坚定了季振同参加起义的最后决心。

→ 赢得黄中岳

★★★★★

（34岁）

黄中岳，字培善，又名黄本初，河南省信阳罗山县人。他于1920年入冯玉祥部第十六混成旅当兵。后入南苑学兵团学习，曾任排长。1924年参加冯玉祥发动的北京政变。身材魁梧，浓眉大眼，性格豪爽，说话痛快，但不多言，投笔从戎后很快成为军中凤毛麟角的人物，备受冯玉祥器重，1925 年夏被派往日本陆军士官学校留学，1928 年日本帝国主义制造"济南惨案"后，黄中岳深恶日军在华暴行，悲愤异常，在日参加中国学生组织的反日游行。不久，毅然辍学回国。回国后，国内形势日非，蒋、汪相继背叛革命，大肆屠杀共产党人和革命群众。黄中岳拒绝了南京政府的挽留，辗转回到冯玉祥的西北军供职，后任国民革命军第二集团军军官学校工兵教官、手枪旅参谋长、手枪团团长、第十四师一旅旅长、国民革命军第二十六路军七十四旅一团团长。1930 年西北军在蒋、冯、阎大战失败以后，残部归宋哲元指挥。黄中岳忍受不了宋哲元的虐待，曾带领一个团的队伍上山，后来追随季振同来到了二十六路军。进入江西以后，受我党和红军宣传的影响，对国民党蒋介石不满。宁都起义筹划前，他是季振同手下的一个团长。此人比较精明，有些政治头脑，他与季振同结为把兄弟，同心经营手枪旅，关系十分密切，他这一团是七十四旅的主力团，战斗力在全军最强。赵博生根据黄中岳的这些积极因素，在经过分析后，认为可以在争取季振同的同时，把黄中岳也争取过来，便借工作之便，抓紧做他的工作。后来黄中岳在起义过程中发挥了积极作用。

→ 抓好学兵连

★★★★★

（34岁）

七十三旅的学兵连大都是小知识分子，处在当时的政治形势下，思想更加苦闷。进驻宁都以后，党派共产党员李青云担任学兵连连长，李青云先介绍王幼平入党，随后王幼平又发展了七名党员，成为二十六路军中发展地下党员最多的单位，建立了有九名党员的中共支部。学兵连实际上是个小的军官学校，学员毕业后都是下级军官。经过我党的长期工作，成为团结、基础好、革命空气比较浓的连队，赵博生视之为起义的骨干力量。在起义前夕的 12 月 7、8 号，赵博生亲自来到学兵连，由王幼平放哨，赵博生和李青云秘密研究了应变措施，要求学兵连支部做好党员和士兵的工作，万一情况有变，全连要能拉得动。赵博生走后，李青云和王幼平又作了具体研究，要求每个共产党员至少团结三个人，这样就可以团结三十来人，由这些人带动全连。学兵连还根据赵博生的布置，以野外演习为名，绘制了去苏区的路线图，标有二十六路军宁都警戒线，万一全军一起不能成功，学兵连即以演习为名，越过警戒线向东插，经赖坊奔固村，拉入苏区。起义前一两天，学兵连就官兵全副武装，兵不离营，枪不离手，晚上睡觉不解毯子，抱着枪睡觉，随时准备紧急集合。

→ 宣传新思想

士兵是兵运工作和起义的基础。赵博生在做中、上层军官工作的同时，也十分注重士兵和下层军官的思想工作。有一次，他集合总指的部队讲话，在台前面挂了一张大地图，凡是被日寇占领的地方，都用红笔圈起来，眼看红圈圈已经圈到关内了。他指着地图说道："日寇步步紧逼，蒋介石步步退让，再这样下去，我们都有当亡国奴的危险！我们爱国军人要挽救中国的危亡，就要走上抗日前线！我们的父老乡亲都在北方，我们要有勇气，摆脱一切黑暗势力，冲破一切障碍，去解救他们！"这些话极大地激发了士兵们的反蒋情绪和抗日热情。

与此同时，二十六路军的要害部门也逐

渐为我们的党员所控制。经过地下党组织和赵博生卓有成效的工作，二十六路军起义的条件日趋成熟。

宁都枪响指挥定

→ 情况有变，起义提前

★★★★★

（34岁）

赵博生和同志们一边加紧做工作，一边等待着起义时机的到来。可是谁也没有想到，竟是蒋介石自己点燃了宁都起义的导火线。

1931年12月5日，二十六路军总指挥部突然收到蒋介石的南昌行营拍来的一封十万火急的电报："令二十六路军总指挥部严缉刘振亚、袁血卒、王铭五三名共匪分子，星夜送南昌行营惩处。"后来才知道，在这之前不久，党中央调王超回上海，"特支"把两份秘密文件由王超带交南昌的一个秘密交通站向上转送。由于交通站被敌人破坏，秘密文件落到了蒋介石的手中，于是蒋介石打来了这份电报。译电主任、共产党员罗亚平拿到电报，立即交给"代拆代行"军中事务的总参谋长赵博生。赵博生看过后，对罗亚平说："你立即把这个紧急情况报告党组织，迅速采取应急措施，作为一个党员，我坚决服从党的决定，党让怎么干，我就怎么干。"他又补充说："我建议把这一情况告诉董振堂，让他思想上有个准备，以便应付意外事变。"

罗亚平迅速把电报内容和赵博生的意见转告了党的"特支"书记刘振亚，刘振亚又找到组织

▽ 宁都起义指挥部旧址

委员袁血卒紧急磋商，决定马上同总参谋长赵博生商量，抓紧这最后的时机，举行暴动。

为了稳住南昌，麻痹敌人，赵博生立即给蒋介石的南昌行营拍了个"遵令即办"的回电。

12月初的一天，一架国民党飞机突然在宁都城上空出现，投下了一个通讯桶。赵博生接过来一看，原来是蒋介石命令赵博生等一网打尽二十六路军中的共产党的"手令"，以及落在敌人手中的党在二十六路军中的政治决议和组织决议。

事情已经是万分紧急了，任何的犹豫不决和延误都意味着失败和死亡。党组织决定仍由赵博生应付南昌方面的催促和压力，同时派袁血卒星夜赶往瑞金，请示中央军委。

1931年12月10日上午，瑞金叶坪的一栋叶氏宗祠的二楼，苏区中央政府外交部的办公所在地。新上任的外交人民委员会部长兼红军总政治部主任王稼祥正坐在办公室，阅读一份有关红军政治工作的简报。工作人员走进来，向他汇报："首长，宁都方面来人了，毛主席让您去见他。"

王稼祥是3月份由上海进入苏区的，在出发前他就了解到，在国民党第二十六路军中，有中共的地下组织。听到这一消息，当即高兴得站了起来，他早就渴望从宁都方面传来的消息了。

在红军总司令部，王稼祥紧紧握住袁血卒的手说："血卒同志，辛苦了，我代表红军对你们的辛勤工作表示感谢。"

袁血卒这次赴苏区可以说是有惊无险，因他身着国民党军服，赤卫队拦下他后便不由分说捆了起来，押进路边的丛林之中。袁血卒有重任在身，可任他怎么解释也没用（袁血卒是陕西人，双方言语不通），情急之下他唱起了《国际歌》，这首歌可是苏区军民经常唱的曲子，于是队员们不敢怠慢，把他带到当地县苏维埃政府，在把情况讲明后，澎湃县委书记何步青立即将他护送至瑞金。

　　此刻，袁血卒把二十六路军目前的状况，以及王超出事，蒋介石的南昌行营给二十六路军拍来"十万火急"的电报等情况向王稼祥做了详细汇报。之后，又把七十三旅旅长董振堂和七十四旅旅长季振同的情况逐一做了介绍。

　　王稼祥仔细地听完袁血卒的汇报，激动地站了起来，说："二十六路军存在着直接革命的形势。"接着又讲道："国民党第二十六路军以目前的状况是不想与红军为敌的，我们只要做好工作，大规模起义的条件是存在的。宁都离苏区很近，一天内即可到达，便于红军的援助，行动起来也十分保险。南昌起义、秋收起义都没有这么好的条件！"

随后，朱德总司令和叶剑英总参谋长立即在中革军委召开专题会议，具体讨论和研究第二十六路军起义的问题，王稼祥、朱德、左权、刘伯坚、叶剑英、李富春等出席了会议。在听取了袁血卒的汇报后，研究了二十六路军的这一情况，并根据毛泽东的指示，决定用最大的努力，争取全部起义。如第七十四旅争取不过来，则以第七十三旅和总指挥部掌握的部队，以"进剿"为名，在适当地点，解决反动军官，把队伍带到革命根据地来，实行局部起义。如起义不成功，暴露的同志，如赵博生等人，一定离开宁都到苏区来，没有暴露的同志继续隐蔽在第二十六路军中开展工作。解决反动军官时要坚决，行动要快，二十六路军于12月13日午夜12时发起暴动，如果能全部起义，起义部队番号改为红十六军，由赵博生、董振堂、季振同、黄中岳四人互推领导人；起义时如有可能，把地方武装的头子严维伸、黄才梯逮捕起来。并决定派红四军相机予以协助。

为了确保起义成功，中央军委派左权、刘伯坚、王稼祥为中央军委代表，携带电台，在宁都城南四十公里的澎湃县苏维埃政府所在地固厚圩（今宁都固村公社）联络指挥。中央军委在关键时刻所给予的明确指示和作出的周密安排，使赵博生对起义充满了信心和力量。

党的特别支部认真研究了中央军委的指示，根据党在二十六路军中所掌握的力量和士兵情绪，决定实行全部起义。在向下宣传时，只讲全部起义的方案，不讲部分起义的方案。

第二天，赵博生根据党组织的决议，在总指挥部找七十四旅旅长季振同谈话，明确地告诉他，蒋介石把二十六路军当后娘养的，把我们送到这里当炮灰，孙连仲也跑到上海不管我们了，守在这里只有死路一条，我决定不给蒋介石干了，带队伍当红军去，你干不干？赵博生非常熟悉季振同的为人和某些旧军人的习气，为了促使他下决心，又明确地对他说："咱们军中，就数七十四旅的实力最强，季旅长如果同意起义，务必担任主力，否则，起义难以成功。我已提议，起义成功后，部队由季旅长指挥。"

由于当时政治形势的推动及与蒋介石的矛盾，加上赵博生长期做工作，季振同对赵博生的谈话并不感到意外，现在有赵博生、董振堂等人一起干，又听赵博生后面的一席话，他没有多少犹豫，表示赞同起义的主张。

中央军委又经过研究，决定把起义日期由12月13日改为14日，并决定起义后，改番号为中国工农红军第五军团，由军中的实力派季振同、董振堂分别担任正副总指挥，赵博生仍任总参谋长。红五军团编制为三个军，董振堂、赵博生分别兼任十三军和十四军军长，十五军军长由黄中岳担任。中央军委还送军用地图一幅，标明起义军的进军路线和沿途敌我态势。

接着，在宁都南街的一座小楼上（七十三旅旅部），召开了有赵博生、李青云、袁血卒、董振堂参加的起义行动会议。会上，赵博生表示拥护二十六路军全部起义的方案。董振堂见赵博生的这种表态，就放弃了原先只想七十三旅一个旅起义的想法，也同意全部起义。会议确定了起义的最后行动方案，对人员的分工和可能出现的情况作了周到细致的考虑。但对季振同的态度仍然是党组织比较担心的问题。为了坚定季振同起义的最后决心，党决定把总指挥部和一部分饷银搬到了七十四旅旅部。赵博生不带卫兵，单身一人在指挥部办公，表示一切信赖七十四旅的安排和保护。

→ 指挥若定，起义成功

★★★★★

（34岁）

1931年12月14日的黄昏，表面看来，二十六路军军营内好像和平时没有多大变化，实际上一切都按照预定计划进行安排而紧张地活动着。身负指挥重任的赵博生，更须深谋远虑，见微知著，全面顾及。南昌方面需要妥善应付，而起义事情千头万绪，稍有疏忽，就可能前功尽弃，造成不堪设想的后果。在这紧要关头，赵博生表现得沉着、勇敢、坚毅、果断，显示了卓越的军事才能。

根据总参谋长赵博生和七十四旅旅长季振同的命令，下午4点，宁都城内全部换岗换哨，任务由七十四旅二团担任，赵博生亲笔书写了"解放"二字作为新口令。

根据总参谋长的命令，二十六路军的三

宁都枪响指挥定

部电台立即关机，人员一律离开机器。由七十三旅学兵连控制二十五师师部电台，上尉执法队员刘向三带人控制蒋介石设在二十六路军的特务电台，七十四旅一团控制总指挥部电台。

根据总参谋长的命令，城内通往城外的电话全部切断，全城戒严，关闭城门。

根据总参谋长的命令，各要害部门：电话枢纽、兵站、各师部、旅部、伪县政府以及通往苏区的要道由七十三旅参谋刘振亚派人封闭、看守。七十四旅一团一营5点钟集合待命，准备包围二十五师李松昆的师部。

还不到6点钟，原总指挥部所在地——那座两层楼的耶稣教堂就已经灯火辉煌。按照行动计划，赵博生要在这里以总指挥部的名义"宴请"团以上军官，宴会厅设在二楼会议室。随从卫兵一律留在一楼就餐。

6点钟到了，只有两个师长没有来：二十七师师长高树勋不在宁都，二十五师师长李松昆也没有来。

宴会开始，赵博生首先说，总座（孙连仲）在上海养病，关心各位弟兄，特意捎来高级烟酒慰问。今天请各位前来，一是感谢总座关心，二是有些紧急军务要和诸位磋商。咱们边吃边谈，请诸位自便。

这时，楼下招待卫兵的"会餐"也已开始，但是刚刚端起酒杯，就被预先布置好的七十四旅一团三营的战士缴了械。正当这个时候，有个战士的冲锋枪走了火，楼上军官大惊。赵博生当机立断，站起来大声说道："诸位，国难当头，众将领对本军前途有何打算？"

众军官虽知有变，都不明内情，被总参谋长突然一问，一时不知作何回答，都把惊疑的目光投向总参谋长。赵博生慷慨陈词："9月18日，日本鬼子强占了我东三省，几千万同胞当了亡国奴。国家兴亡，匹夫有责，我们是中国人，中国军队，要打，就应该上前线打日本鬼子，可是蒋介石却置国家民族的危亡于不顾，硬是把我们留在内地，让我们打内战，打红军，打自己的兄弟，想以我们的牺牲和红军的鲜血，为他清扫地盘；日本鬼子眼看就要打进关里来了，我们北方家乡眼看就要沦亡，我们自称是革命军人，可是有枪不能御敌，我们算什么军人？将来我们有何面目见自己的北方父老？"

赵博生继续说："我们现在困守宁都，四面被红军包围，唯一的一条退路，蒋介石已派他的嫡系部队堵死，长此下去只有死路一条。现在，我愿意带领众将领走一条光明的道路：起义参加红军，回北方，打日本！"

多数军官都表示赞同起义，少数几个顽固分子，如七十五旅旅长张方昭、八十一旅旅长王恩布以及三四个团长被当场押了起来。

赵博生命令各旅长、团长留在原地，由各旅、团参谋长拿着他们的印章，以他们的名义回去调动部队按指定时间带到指定地点集合待命。

总指挥部的行动基本完成以后，赵博生命令孙步霞鸣枪三响，这是预先约定的全军行动的信号。宁都沸腾了。枪声、呼叫声、奔跑声响成一片。各项行动都很顺利。

在旅一级军官中，李松昆的资历比较浅，但是他顺从蒋介石和孙连仲，因而得到赏识，越过季振同、董振堂等一批老资格的旅长当上了师长，引起了季振同等人的不满。据赵博生观察，李松昆同反共顽固派还是有区别的。对这样的人，赵博生也尽量做工作，施加影响。当时，李松昆正是官运亨通、踌躇满志的时候，加入起义队伍的可能性是不大的。但通过工作，可以争取他尽可能采取中立态度，不搞破坏，减少起义的阻力，使成功多一份把握。事实证明，赵博生对李松昆的争取和处理上，是做得很好的。总部传来枪声，李松昆对将发生的事情已知四五分，他对参谋处的魏处长说："如果有情况，师部的事由你处理。"他爬城墙逃跑了，带走了不到一个团的兵力，对起义基本上保持了中立态度。

由于准备充分，部署周密，起义取得了成功，整个二十六路军全军一个总部、两个师部、六个旅部、十一个团部、四个独立营、一个总部直属队，共计一万七千多人，全部参加了起义队伍。

→ 加入红军，通电全国

★★★★★

（34岁）

清晨，部队通过宁都城东的梅江河桥，在宝塔下的河滩上集合。赵博生走到队伍前面，高声说："弟兄们，我们的暴动成功了！我们再也不受蒋介石的欺骗了，我们马上就出发到苏区当红军去，和红军兄弟一起抗日救国。"随后他和董振堂带头扯掉国民党军的帽徽、领章，说："我们要和这些东西永别了！"起义部队群情激昂，有的喊起了"打倒

△ 左权

蒋介石！"的口号，还有的打起了事先准备好的镶有镰刀锤子的红旗，河滩上到处是撕破了的国民党党旗和国民党军的领章、帽徽。起义队伍在赵博生、董振堂、季振同等人的带领下，按照中央军委在地图上标明的进军路线，向苏区进发。

起义队伍一进入苏区，就受到沿途群众的热烈欢迎。军委派出的以左权为团长的代表在固厚圩迎接起义军。刘伯坚也带着少先队、儿童团，打着彩旗，敲着锣鼓，欢迎起义队伍。赵博生连忙上前紧紧握住刘伯坚的手。刘伯坚风趣地说："让你严缉共产党，你却把队伍都带到共产党这边来了，蒋介石可要通缉你这个总参谋长呦！"赵博生激动地说："让蒋介石通缉吧，我这把骨头是属于苏维埃的了！"

固厚圩军民杀猪宰羊，慰劳起义部队，好不热闹。

晚饭后，在一户老百姓的堂屋里，赵博生、董振堂、季振同、王稼祥、刘伯坚等人围桌而坐，热烈地交谈着。季振同首先介绍了起义的策划和主要经过，刘伯坚听后感慨地说道："原先估计你们要流血，要伤好多人，所以我们动员了很多苏区群众抬担架来接你们，结果你们前面的队伍一看见老百姓就拉夫，结果把那些老乡都给吓跑了！"

大家听后无不开怀大笑，董振堂说："是啊，虽然起义了，但要成为一支真正的红军队伍，还得有一个过程啊！"

"对！还是一个相当艰苦的过程！"刘伯坚神情严肃地强调道。

闲谈一阵后，大家在一起研究讨论由刘伯坚起草的《中国工农红军第五军团宣言》。获得一致通过后，1931年12月15日晚上，无线电波载着原二十六路军一万七千余名官兵的肺腑之言，正式向全国广播！《原国民党二十六路军在宁都起义加入红军的宣言》全文如下：

全国的工人们！农人们！白军的士兵们！

我们要用革命的呼声向你们号召和表白：我们原是国民革命军第二十六路，受国民党蒋介石的压迫，开到江西"剿共"。但是我们整个两师于1931年12月14日，在红色的江西宁都县实行革命的暴动，消灭了豪绅地主资产阶级的走狗反革命的军官，扯毁了国民党的青天白日的旗帜，高举着苏维埃的红旗，加入工农红军，变为中国工农红军第五军团了！我们永远受中华苏维埃共和国中央革命军事委员会的指挥，永远在中国共产党领导之下，实行土地革命，打倒国民党军阀，推翻帝国主义在华的统治，完成中国民族的解放和统一。

我们都是穷苦工人、农民和受压迫出身，原在北方的国民军服役，有志革命已久，苦于无人领导，一九二六年到一九二七年，加入了国民革命的战线，参加北伐，不久即由国民党军阀的背叛而失败了。我们从此以后，就卷入了军阀混战的漩涡中间，血战了四年之久，百战余生的我们，得到了什么？热血洒遍了全中国的数百万白军士兵，又得到了什么？

我们转战南北，奔驰万里，眼见得全国劳苦工农宛转于帝国主义国民党军阀重重压迫之下；眼见得帝国主义的刽子手——国民党军阀到处血淋淋的屠杀工农和共产党，拿血腥来维持他日益崩溃的统治；眼见得重重叠叠不断的灾祸，随着军阀混战和国民党高度的剥削，降临到全国劳苦工农的头上；眼见得军阀克扣军饷大喝兵血，去过他们军阀官僚的生活。

我们早就忍无可忍了！但我们同样受着国民党军阀的压迫，得不到意志上和行动上的自由。在今天以前，我们所受的压迫深重，和全中国工农是一样的，还蒙上了反革命军阀部队的恶名，为工农群众所痛恶。现在我们坚决的暴动了，脱离了国民党军阀的压迫，从今天起，我们加入中国工农红军，为工农的解放奋斗到底！

全国的工人们！农人们！白军的士兵们！

我们从前的高级反革命长官同蒋介石勾结一起，逼迫我们到江西"剿共"，逼迫我们进攻我们最亲爱的兄弟——为全国劳苦群众谋解放的工农红军，用各种污蔑造谣的话来欺骗我们，使我们自相残杀。可是半年以来，我们在苏区亲眼看见的事实，把帝国主义国民党军阀、地主、资产阶级、一切对于共产党和红军的造谣污蔑或不满宣传，完全看穿了。眼看见苏区工农确实得到了解放，农民得到了土地，工人得到了八小时工作制和劳动法的保护，士兵得到了解放，为自己为工农阶级的利益打仗；眼见得共产党和红军确实受到苏维埃区域千百万劳苦工农热烈的拥护，帝国主义指使国民党军阀三次进攻苏维埃区域，都在共产党的领导、红军的英勇、群众的拥护之下，一次一次的遭受着极大的惨败。我们明白看见在中国有新旧两个世界，一个是帝国主义国民党军阀、地主资产阶级统治的旧世界，这个世界充满了灾祸、死亡和封建式的压迫剥削；另一个是共产党领导红军工农群众新开辟出来的苏维埃的新世界，这个世界完全消灭了帝国主义、国民党军阀、封建地主的统治，实行了土地革命，工农兵掌握着政权，取得他们自己的利益和一切政治自由。

在帝国主义、国民党军阀统治下，现在正闹着全国规模的大水灾，有一万万灾民，死亡无日；日本帝国主义出兵东三省，法国帝国主义出兵云南、广西，英国帝国主义正在向西藏、四川进攻，国际帝国主义要实行瓜分中国，并准备向帮助中国革命反对帝国主义的苏联进攻。最可恨可耻的是：国民党对帝国主义就用"无抵抗主义"的投降政策，对反帝爱国运动就用尽欺骗屠杀的方法来压迫反帝高潮，掩饰他出卖中国民族的行为，让帝国主义一步步瓜分中国。

起来！我们要打倒帝国主义，就首先要打倒勾结帝国主义的国民党军阀。起来！一切和我们过去一样受痛苦，一样受压迫的白军兄弟们！国民党军阀一切什么"救党护国"、"爱国家爱百姓"的口号，都是欺骗你们为他送死，你们再也不要受他们的欺骗与压迫了。你们的出路只有和我们一样，调转枪头，杀死压迫你们的反革命长官，实行扯起红旗来做工农革命，这样才能够消灭军阀混战，消灭军阀压迫革命，才能打倒帝国主义，才能取得全中国的独立与和平统一。起来！不为地主资产阶级打仗，而为解放全中国几万万被压迫的工农打仗，不替军阀争地盘做帝国主义的走狗打仗，而为中国真正独立与和平统一打仗。

我们高举着苏维埃的旗帜，高声号召你们，站在苏维埃的新世界这边来，中华苏维埃临时中央政府已于十一月七号全国苏维埃代表大会中正式成立，通过了苏维埃的宪法、劳动保护法、土地问题、民族问题、红军问题和红军优待条例等等保护工农兵利益的决议案，并已在实行了。

看啊！国民党的南京政府，国民党改组派的广东政府以及一切反动军阀的统治，都迅速的崩溃日趋灭亡，苏维埃政权却日益巩固和扩大。这两个政权的对立与消长，明白的指示出我们全国工农兵的出路，只有在苏维埃的旗帜下奋斗；明白的指示出苏维埃是解放全国工农兵唯一的政权，也就是工农兵自己的政权。

我们高呼：

打倒国民党！

打倒喝兵血的孙连仲！

打倒蒋介石和一切军阀！

打倒改组派及一切反革命派！

反对日本帝国主义占领东三省！

反对帝国主义瓜分中国！

武装拥护苏联！

坚决实行土地革命！

拥护苏维埃临时中央政府！

拥护中国革命唯一的领导者中国共产党！

拥护共产国际！

工农兵解放万岁！

世界革命成功万岁！

中国工农红军第五军团总指挥　季振同

副总指挥兼十三军军长　董振堂

十四军军长　赵博生

十五军军长　黄中岳

暨全体指挥员战斗员

一九三一年十二月十四日于江西澎湃县

宣言像漆黑夜空中一道耀眼的闪电，像沉闷宇宙中一声震耳的惊雷，向全中国人民庄严宣告：原二十六路军官兵不堪忍受国民党军阀头子蒋介石的压迫，集体起义加入到红军当中来，具有历史意义的宁都起义胜利了！光荣的红五军团诞生了！16日早晨，刘伯坚代表中央军委，正式向起义部队全体官兵宣布组成中国工农红军第五军团的命令，公布季振同任红五军团总指挥，董振堂任副总指挥兼十三军军长，赵博生任参谋长兼十四军军长，黄中岳任十五军军长的任命，接着，队伍开到秋溪、龙冈一带整编。

→ 宁都起义，意义深远

★★★★★ （34 岁）

在十年土地革命过程中，我党曾经领导了多次起义：南昌起义、广州起义、平江起义、大冶起义、百色起义，但是比较起来，宁都起义是代价最小、兵力最大的一次起义。当然，宁都起义的成功，有许多客观的有利条件。例如，部队在大革命时期受到共产党的影响，九·一八事变后，民族矛盾上升，加深了这支军队与蒋介石的矛盾，宁都处于红军的包围之中，起义便于接应；特别是中央军委和军内党的秘密组织的领导，保证了这次起义的成功。但是毋庸置疑，赵博生在这次起义中所发挥的重要作用，还是应当给予充分肯定的。没有共产党员赵博生处在总参谋长的位置上，蒋介石那个一网打尽二十六

△ 毛泽东（左三），萧劲光（左一）和王稼祥（左二）同志与参加宁都起义的部分同志1937年在延安合影。

路军内共产党员的密电和手令，就可能使二十六路军中的党组织遭到严重破坏，起义成功就会难上加难；没有赵博生在这支军队中享有的威望以及他在上层军官中的艰苦细致的工作，起义不可能有这么大的规模，也不可能进行得这么顺利。

宁都起义有力地打击了国民党蒋介石反对共产党的政策，给中国工农红军增加了一支新的力量，对巩固和发展中央革命根据地起了重要作用。对于宁都起义的重要意义，毛泽东给予了高度的评价。在宁都起义七周年的时候，毛泽东在延安接见了参加起义的部分同志，并亲笔题词："以宁都起义的精神用于反对日本帝国主义，我们是战无不胜的。"可惜的是，这时赵博生已经光荣牺牲了。

坚决革命把身捐

→ 整编部队，改造思想

★★★★★

（34—35岁）

宁都起义后，为了把这支旧军队改造成为真正为工农劳苦大众服务的革命武装，在中央军委的直接领导下，部队开往苏区的石城秋溪、龙冈、横江及瑞金壬田、九堡、沿坝等地进行整编。按照毛泽东关于建设红军的原则，首先确立党对这支部队的绝对领导，建立了政治委员制度，团以上设政治部，党支部建在连上。党在红一军团、红三军团等部队中抽选大批优秀干部充实到红五军团工作。他们分别是：萧劲光、刘伯坚、陈伯钧、张南生、张际春、何长工、程子华、唐天际、赖传珠、宋任穷、邝朱权、刘型、李翔吾、高白立、余化民、王紫凤、李山关、谢良、袁子钦、王采水、刘绍文、钱益民、黄子云、

△ 红军时期的萧劲光

曹家庆、姜启化等。任命萧劲光任红五军团政委，
刘伯坚任政治部主任。赵博生任军长的第十四军，
由黄火青任军政委。

组织上任命的红五军团政治委员肖劲光，是
一位极富传奇的我党早期军事领导干部。早在
1921年，他就同任弼时、刘少奇等人赴苏联，进
入莫斯科东方大学学习，1925年回国后即投身
于大革命的洪流中。在实践摸索中，他清楚地认
识到，中国革命必须要抓军事，抓武装斗争。于
是毅然第二次赴苏，进入列宁格勒托尔马乔夫
军政学院，钻研军事理论。1930年回国后，萧

△ 黄火青

劲光就被派赴中央苏区，任中央军事学校校长。这次又接受组织的安排被充实到红五军团的最高领导层。

红五军团政治部主任刘伯坚，在部队起义和整编中发挥了巨大的作用。他在原西北军担任过总政治部主任，许多军官、老兵都认识他，在起义部队里有着崇高的威信。他理论、文化水平高，具有非凡的组织才能，且多才多艺，文章、诗词、书法，无一不精。从来到红五军团的第一天起，刘伯坚就没有睡过一天安稳觉。白天，他跑遍九堡、沿坝、石城三地，和每一位团以上军官谈话，非常细致地做他们的思想工作；晚上，他要整理笔记，形成思路，以便第二天更好地开展工作，因此每晚只能睡上三四个小时。加之蒋介石命令飞机在红五军团驻地上空飞撒传单，一场对这支起义部队争夺与反争夺的斗争已经展开，并呈胶着态势，刘伯坚身上的担子更重了。派到这支起义部队工作的政工干部，很少有人在国民党军队里干过，他们一直同国民党军队是作战对象。而今，起义官兵已经参加红军，不再是敌军而是友军了，刘伯坚经常教育红军干部们，要改变认识，要从团结的愿望出发，对部队进行教育改造工作。

面对这些下派的革命干部，赵博生积极大力协助，主动予以配合。这支刚刚起义过来的部队，虽然改称为红军，可是官兵们在思想、行为上，仍然表现出旧军队的许多陋习，不习惯红军生活，受不了红军的严明纪律约束，影响了部队官兵关系及战斗力，赵博生对此极为重视。他非常尊重党派到红五军团来工作的干部，不但注重向他们学习，尽力纠正旧军队中一切非无产阶级的思想作风和领导方法，带头拥护党对这支部队思想上、政治上、组织上的改造，积极协助党组织和政治委员做好干部战士的工作，而且经常深入部队，与下级官兵同甘共苦，加强交流，告诫并鼓励士兵："要遵守党的纪律，加强团结，去掉不良作风，这对我们长期生活在旧军队里的人开始可能不习惯，有不少困难，但是不要向困难低头，为了解救全中国的劳苦大众干革命，是至高无上的任务，我们的幸福日子，就在后头了。"

红五军团经过整编，部队政治素质和军事素质得到了较大提高，逐渐成为一支无产阶级的革命军队。赵博生也正是在这个时候比较系统地学习了政治理论和军事知识。他认真研读了大量无产阶级革命书籍，深有感触，深受启发。他只感到时间太少，他对周围的同志说："我虽然在青年时代就立下了救国救民的大志，苦于没有引路人，自己摸索，奋斗了十几年，结果不是被人欺骗利用，就是孤军奋战，以失败告终。今天才算找到了出路，重见了光明。我赵博生愿将后半生为全国劳苦大众的翻身解放竭尽微薄之力。"

➡ 面貌一新，屡建奇功

　　两个多月的整编结束后，红五军团面貌一新。1932年2月下旬，赵博生偕同其他同志率领红五军团，和兄弟部队一道开赴前线作战，参加了围攻赣州战斗。4月，与一军团组成东路军，参加东征福建漳州战役。接着回师江西与红三军团会合，于7月间向粤北南雄挺进，在水口攻打广东军阀陈济棠部。8月，红一、三、五军团并肩北上，连克宜黄、乐安等县城；尔后，率部参加了攻克建宁战役。每次战斗，赵博生都身先士卒，亲临前线指挥，表现出一贯的勇敢、坚定、沉着。他经常用这样的话来激励全军将士："吾辈革命军人应当勇往直前，奋不顾身，以一当十，以十当百。"在南雄水口战役中，红五军团奉

△ 红旗勋章

命追击粤军陈济棠的六个师，赵博生率红五军团一部三千余人，追击吴奇伟部的两万余人，与六倍于我的敌人激战了三天三夜。战士们左手持闪闪发光的大刀片，右手拿着驳壳枪，夜袭敌军阵地。赵博生亲临前线指挥，大臂负了伤，同志们劝他退下休息，可他却说："流血很少，微伤何足虑。"在他的革命精神鼓舞下，全军战士奋起向前，重创敌军，有力地配合了一、三军团的反"围剿"作战。

赵博生还很注意在实践中学习红军的作战原则，做到果断、机谨、灵活。凡属重要战斗和关键时刻，他都亲临前线，周密部署，反复检查，亲自指挥。红五军团的战士在作战中非常英勇顽强，尤其是马刀拼得敌军胆战心惊。之前，苏区军民都说"一军团的冲锋，三军团的包抄"厉害，此后，又加上了"五军团的马刀"。

红五军团在赵博生等同志的指挥和领导下，仗越打越好，官兵越打越勇敢，屡建战功。赵博生的政治水平和军事才能，受到军内外同声称誉。为了表彰赵博生和红五军团的巨大功绩，在宁都起义和红五军团成立一周年的时候，中央军委中华苏维埃共和国临时中央政府在全体红军中发出通令，下令嘉奖赵博生，并授给他一枚红旗勋章。

➔ 黄狮渡前，英雄捐躯

★★★★★

（36岁）

1933年初，蒋介石在第三次"围剿"失败以后，积极策划第四次大"围剿"。1932年12月，国民党赣粤闽边区"剿匪"总司令部调集近四十万兵力，准备对中央苏区发动第四次"围剿"。其部署是：以陈诚指挥蒋介石嫡系部队十二个师十六万余人为中路军，分三个纵队，担任主攻任务；以蔡廷锴指挥第十九路军和驻闽部队为左路军，以余汉谋指挥的广东部队为右路军，负责就地"清剿"，并策应中路军行动。1933年1月底，蒋介石到南昌亲自兼任赣粤闽边区"剿匪"军总司令，指挥这次"围剿"，决定采取"分进合击"的方针，企图将红一方面军主力歼灭于黎川、建宁地区。他派吴奇伟和周至柔带领十几个团的兵力，向金溪、南城一带苏区进犯。这是蒋军的一次试探性进攻，企图一举歼灭我红军主力一、三军团。

赵博生奉命率领红五军团的三个团扼守长员庙一带山脉，任务是钳制敌人，拖住敌人，配合主力在黄狮渡一线与敌人决战。

接受任务以后，赵博生带领干部战士亲临前线查看地形，缜密地研究与部署战斗。他召集指挥员，反复征询意见，一再叮嘱说："这里山脉连绵，只利于守，不利于攻。守也不是处处设防，要择险而守。敌人的兵力比我们多得多，要注意发挥老兵的长处，他们都有挖战壕筑碉堡的经验。"在部署战斗时，赵博生对突击的道路、战斗中的通信联络、可能决战的时间等等，都作了详尽的指示。他严肃地对指挥员说："这是关系到全军胜利或失败的斗争，我们一定要完成这一战役的光荣使命。要发扬我们善于防守阵地的战斗作风，争取在这次战役中把我们锻炼成为真正的红军战士！"

根据赵博生的指示，战士们在"多流一滴汗，少流一滴血"的口号下，连夜挖战壕，修工事，不到八个小时就全部按计划完成了任务。赵博生又指示一二八团团长："集合全体指挥员，认真检查一遍，一定要消灭死角，加强薄弱地段。"

　　第二天清晨，敌人的炮声响了。愚蠢的敌人根本没有想到红军会在这里部署主力部队，以为长员庙只有少量地方部队，计划要在黄昏以前

△ 黄狮渡大捷纪念碑

消灭我守军。敌人先用大炮轰炸我军前哨阵地，然后连续对我军发动数次进攻，均被打退。但是我军的弹药不多了，到 11 时左右，敌人又向我右路发动进攻，赵博生清醒地意识到，如果敌人攻下右路一三五团的阵地，左路一二八团就有被包围的危险，要守住阵地是十分困难的。他立即通过电话命令一二八团："特务连立即出击，协助一三五团恢复阵地！"

特务连多是身强力壮的老兵，每人佩有大刀、手枪、冲锋枪三大件，战斗力很强。出击以后，很快打退了敌人，恢复了一三五团的阵地。这时赵博生又派通讯员把一二八团团长袁血卒找去，对他说："我估计敌人还要向一三五团进攻，因为那边地势低，工事薄弱，战斗动作也不熟，敌人前几次进攻都是侦察性的，虽然被打退了，但也摸到了我们的一些情况。你们要补充工事，使火力形成扇面，但一定要节省子弹，真正残酷的战斗还在后面。"说完，赵博生把指挥任务交给手下的参谋，自己亲自到一三五团的阵地上去了。这已经是赵博生的老习惯了。每次战斗，他都要出现在最关键、最危险的地方。

敌人经过喘息，又集中火力向我两翼阵地轮

番发起冲锋。我守军战士子弹打光了，手榴弹扔完了，赵博生就指挥战士们用石块猛击敌人，用写有"百战百胜"字样的斗笠装上鹅卵石回击敌人。部队伤亡增大，阵地发生了新的动摇。赵博生亲自带领由军官组成的最后突击队，向敌人发起猛烈的反冲锋。赵博生距离敌人只有百米左右，他一边指挥，一边回击敌人，不幸右额中弹，当即倒地，战士们急忙将他抬下去进行抢救。

敌人被打退了，阵地守住了，主力部队在红五军团的配合下，取得了全部歼灭敌人六个团的胜利。但是红五军团杰出的指挥员赵博生，因弹片深嵌脑部，抢救无效，光荣牺牲了，年仅36岁。

→ 英雄虽逝，精神不朽

★★★★★

　　赵博生为人沉默寡言，俭朴笃学，功不自居，过不推诿，重信义，负责任，对部下公正无私，以廉洁多谋闻名，对于建设红五军团有着巨大的功绩。赵博生的牺牲，在红五军团引起了极大的悲痛。这不仅是红五军团的损失，也是我党我军的一大损失。

　　当赵博生不幸牺牲的噩耗传来，中华苏维埃共和国临时中央政府立刻致电五军团，吊唁赵博生。唁电说：副总指挥赵博生"是为苏维埃政权而牺牲的，为中国民族解放与社会解放而牺牲的。他的牺牲，是永远光荣于中国苏维埃史上。中央政府表示悲悼和敬意"，并慰勉五军团的广大指挥员"更要继续赵博生同志的牺牲精神，坚决地进攻敌人，彻底粉碎帝国主义国民党四次'围剿'与对我中央苏区的大举进攻，争取苏维埃在全国胜利，来完成赵博生同志未完成的任务"。为了永远纪念宁都起义的领导者、红五军团的缔造人之一赵博生，1月13日，中华苏维埃共和国中央执行委员会下令，将宁都县改为博生县，命令全苏区于1月21日举行追悼大会。中华苏维埃共和国临时中央政府又在瑞金叶坪广场上，建造"博生

△ 赵博生烈士之墓

坚决革命把身捐

△ 瑞金的博生堡

堡"以示纪念，朱德总司令还亲笔题写了"博生堡"三个苍劲有力的大字。赵博生的遗体被安葬在他领导起义的宁都县城城西的美人献花山下。他的英名和业绩，与山河共存，与日月同辉！毛泽东称赵博生是"坚决革命的同志"。叶剑英曾于1962年八一建军节纪念日前作诗怀念先烈赵博生。诗云：

　　宁都霹雳响天晴，赤帜高擎赵博生。

　　虎穴坚持神圣业，几人鲜血染红星。

后 记

"坚决革命的同志"

宁都古城，依然是群山环绕，巍峨庄严。当年宁都起义总指挥部所在地——现在作为宁都起义纪念馆的那座两层小楼房，还保留着昔日的风貌。当我们漫步在宁都烈士陵园，久久凝望着赵博生烈士的石雕塑像时，回顾半个多世纪的革命征程，心中不禁充满了对烈士的怀念和感佩之情。

赵博生是宁都起义的主要领导人之一，起义前任国民党二十六路军总参谋长一职。一个国民党的高级将领，能在我党还处于非常困难的时期毅然加入中国共产党；在革命力量还十分弱小、而且处于反动派四面"围剿"的情况下率部起义，义无反顾地投奔革命队伍，这是难能可贵的。爱国诗人屈原诗中说："路曼曼其修远兮，吾将上下而求索。"很能概括赵博生为摸索救国救民之路所做的努力。但是一经真理在握，赵博生便愤然皈依革命，走上光明大道。这种追求真理的精神，贯穿于他的整个一生。

赵博生虽然在青年时代就立下了救国救民的大志，却走过了十几年摸索前进的曲折道路：皖系、直系、奉系三派军阀，西北军，国民军，直至自己拉出队伍，独树一帜——各种能走的路他都走了，结果仍然是壮志难酬，报国无门。最后，他才找到了中国共产党，加入了革命队伍，成为毛泽东所高度评价的"坚决革命的同志"，实现了自己救国救民的夙愿。

　　借助很多革命老同志提供的一些宝贵的历史材料，我们才能对赵博生的一生做一个比较全面的回顾，借以褒扬烈士，激励来者，让青年同志们懂得，革命的老一辈为寻求革命真理和救国之路，走过了多么艰辛的历程。赵博生的道路生动地告诉我们：只有共产党能够救中国；有志青年只有在党的领导下，全心全意投入到人民解放事业中去，救国救民的大志才能得以实现，个人的才能和抱负才能得以施展。1981年7月1日，胡耀邦在庆祝中国共产党成立60周年大会上的讲话中，称赵博生是"为党为国捐躯的人民军队的杰出将领"，表示"深切怀念"。

　　赵博生由旧军队的一个高级将领，转变成为我军初创时期的一位优秀的高级指挥员，彻底的无产阶级革命战士，经历了十几年漫长过程，而他从加入共产党到领导宁都起义，到建设红五军团，直至英勇牺牲，总计在只有一年零两个多月的时间里，能够对党对人民作出如此伟大的贡献，是他毕生为国为民、矢志革命而努力奋斗的必然结果，他"身虽死精神长生"。赵博生为国为民，追求进步，献身无产阶级革命事业的精神和宁都起义反对内战、团结御外的爱国主义精神紧密地联系在一起，激励着后人奋勇前进！

回顾赵博生烈士所走过的坚决革命的道路，将更加坚定我们在中国共产党的领导下，团结一致，同心协力，为实现烈士遗愿——共产主义而奋斗的决心和勇气。

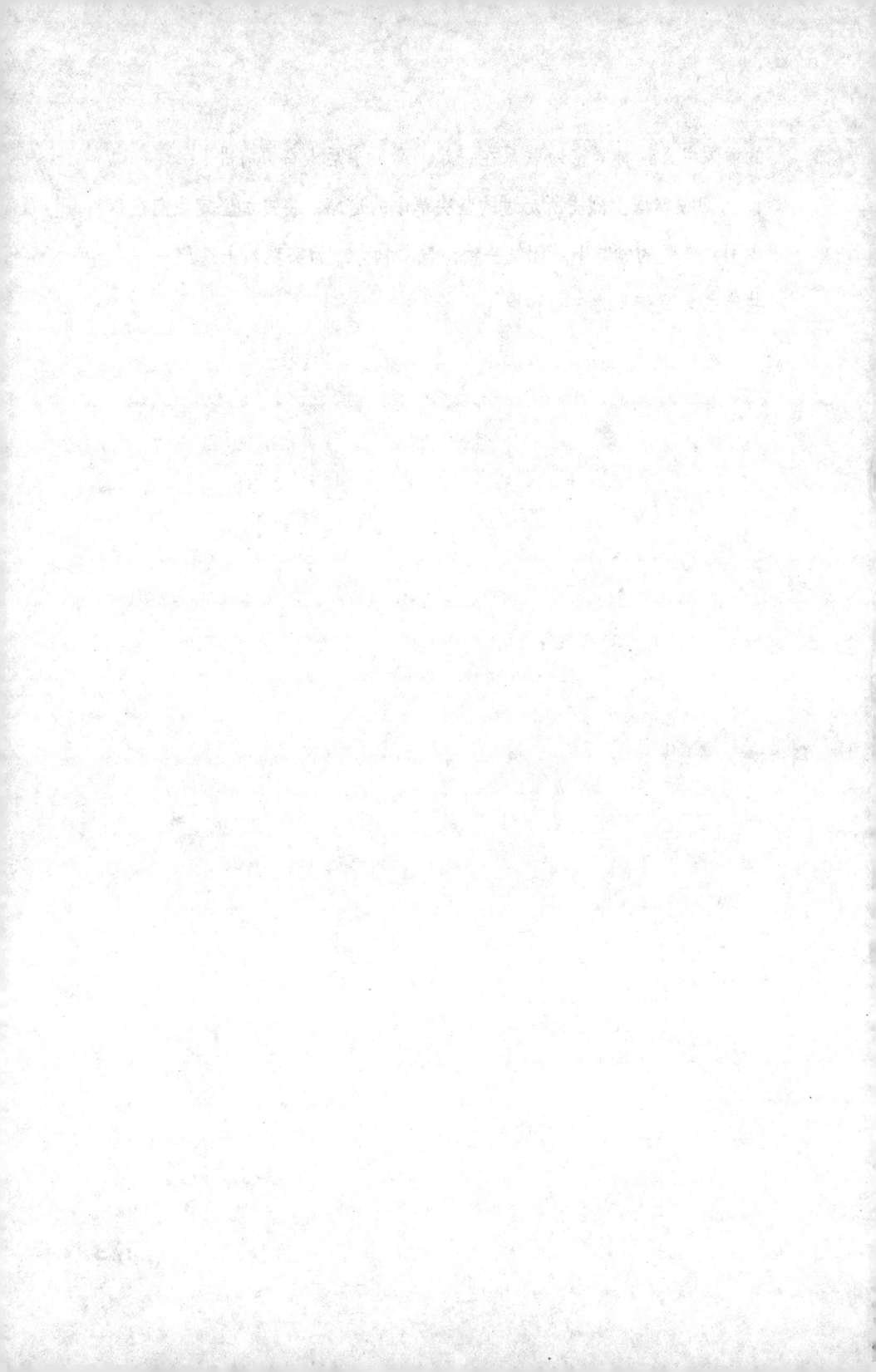